Serge Kahili King

Die Dynamind-Technik

In großer Dankbarkeit ist dieses Buch den Hunderten von Menschen gewidmet, deren persönliche Erfahrung mit der Dynamind-Technik im Zentrum meiner Arbeit stehen.

Serge Kahili King

Die Dynamind-Technik
Vier einfache Schritte zur Heilung

Aus dem Amerikanischen
von Diane von Weltzien

Lüchow

Vor allem möchte ich jenen Menschen danken, deren tiefes Interesse am und deren Vertrauen in die Dynamind-Technik sie dazu veranlasst hat, sie anzuwenden und zu lehren. Ihre Inspiration und ihre Bereitschaft, Hilfesuchenden den Weg zur Selbstheilung zu weisen, haben dieses Buch überhaupt erst möglich gemacht.

Copyright © 2004 der deutschsprachigen Ausgabe Lüchow Verlag, Stuttgart
Der Lüchow Verlag ist ein Unternehmen der Verlagsgruppe Dornier
Copyright © 2004 Serge Kahili King
Alle Rechte vorbehalten
Umschlaggestaltung: Nies-Lamott Design, Sternenfels
Satz: de·te·pe, Aalen
Druck und Bindung: Clausen & Bosse, Leck
Printed in Germany

ISBN 3-363-03052-5

www.luechow-verlag.de

Inhalt

Einführung: Die Entstehung der Dynamind-Technik   7

1 Eine andere Theorie des Heilens   17
    Stress und dynamische Systeme   17
    Zwei Systeme   21
    Vier Reaktionsweisen auf Stressoren   22
    Drei Arten von Stressoren   25
    Stressschichten   35
    Stresskanäle   38
    Überlegungen zur Dynamind-Technik   40
    Die sieben Prinzipien des Heilens   44

2 Die Anatomie einer Technik   46
    Die Respekt einflößenden Autorität   46
    Erster Schritt: Die Geste   48
    Zweiter Schritt: Die Aussage   50
    Dritter Schritt: Die Berührung   61
    Vierter Schritt: Der Atem   68
    Dynamind in der Praxis   70

3 Befreiung von Schmerzen   78
    Schmerztheorien   78
    Rasche und einfache Schmerzlinderung   84
    Emotional aufgeladene Schmerzen   89
    Schmerz und Fantasiebildarbeit   92
    Fibromyalgie   99
    Persönliche Berichte   101

4 Andere Beschwerden lindern — 102
Tinnitus — 102
Atemwegserkrankungen — 106
Darmbeschwerden — 109
Allergien und Hautprobleme — 112
Augenerkrankungen — 114
Krebs — 117
Gewichtsprobleme — 120
Persönliche Berichte — 121
Unterschiedliche Beschwerden — 124

5 Wut heilen — 126
Gegen sich selbst gerichtete Wut — 128
Gegen andere gerichtete Wut — 134

6 Angst heilen — 138
Die zahlreichen Gesichter der Angst — 143
Selbstzweifel — 143
Phobien — 148
Panik — 152
Andere Ängste — 154

7 Die Dynamind-Technik in der Fern- und Mentalheilung — 158
Dynamind Fernheilung zur Unterstützung anderer Therapieformen — 160
Dynamind Fernheilung mit der Unterstützung anderer Therapieformen — 161
Berührungslose Heilbeispiele — 164
Beeinflussung von Tieren — 166
Fälle, die Fragen aufwerfen — 169

Anhang:
Dynamind-Praktiker und Dynamind-Lehrer — 172

Einführung:
Die Entstehung der Dynamind-Technik

Unsere Welt ist in Not und bedarf dringend der Heilung. Ökologische Katastrophen, wirtschaftliche Not, politische Umwälzungen, soziale Unruhen, Kriege und Epidemien ... nichts davon ist neu, auch wenn sich aus solchen Ereignissen die Schlagzeilen in den Medien speisen. Aussicht darauf, diese Situation zu verändern, haben wir allerdings nur dann, wenn wir die folgenden zwei Fragen beantworten können: Warum geschehen diese Dinge überhaupt und was können wir dagegen tun?

Ich glaube, die Antwort auf beide Fragen zu haben. Natürlich nicht die *einzige* Antwort, schließlich ist jedes Ziel auf vielen Wegen zu erreichen. Doch bin ich überzeugt, dass meine Antworten hilfreich sind.

Die Welt bedarf der Heilung, weil Menschen Heilung brauchen. Die Welt jedoch können wir nicht heilen, weil die Welt eine abstrakte Vorstellung ist, in der wir all die Millionen Menschen und Lebewesen und Dinge zu fassen versuchen, die unseren Lebensraum ausmachen. Genauso wenig können wir die Gesellschaft oder eine Regierung heilen, denn beides sind nichts anderes als abstrakte Begriffe, mit denen wir eine Vielzahl von Individuen zusammenfassen, die gemeinsam in einer mehr oder weniger gut organisierten Struktur leben oder arbeiten. Wie die Erfahrung uns lehrt, können wir nicht einmal Krankheiten heilen. Unsere »Feldzüge« gegen Krebs, Herzerkrankungen, Diabetes, Drogen- oder Alkoholsucht und Übergewicht waren bisher nicht von Erfolg gekrönt, es sei denn in Fällen, in denen einzelne Individuen genesen sind.

Ökologische Katastrophen ereignen sich, weil Menschen egoistische Entscheidungen treffen, die sich negativ auf die Umwelt auswirken. Wirtschaftliche Probleme entstehen, weil Menschen sich von ihrer Gier leiten lassen. Politische Umwälzungen und Kriege kommen zum Ausbruch, weil Menschen sich ihrer Wut und ihren Ängsten unterordnen. Soziale Unruhen erschüttern die Gesellschaft, weil Individuen in Hilflosigkeit oder Verzweiflung abgleiten. Und Epidemien finden Verbreitung, weil, so meine ich, eine ausreichend große Zahl von Menschen die Verbindung zu ihrem Körper und zu ihren Gefühlen verloren haben.

Tatsächlich heilen können wir nur einzelne Individuen. Aber welchen Unterschied soll das machen, fragen Sie sich vielleicht. Wie soll die Heilung einzelner Personen sich günstig auf all die Dinge auswirken, die ich eben besprochen habe?

Nun, dazu habe ich eine Theorie. Je besser sich ein Mensch körperlich und emotional fühlt, desto klarer vermag er zu denken, und desto besser sind die Entscheidungen, die er zum Wohle der Gemeinschaft als Ganzes treffen kann. Und umgekehrt, je klarer sein Denken ist, desto besser wird er sich körperlich und emotional fühlen und desto bereitwilliger wird er sein Verhalten abstimmen auf sein soziales und physisches Umfeld. Ich habe meine Theorie im Verlauf vieler Jahre in zahlreichen Ländern in kleinen Gruppensituationen überprüft, und die Ergebnisse waren so ermutigend, dass ich gerne herausfinden würde, ob sie auch in einem größeren Rahmen funktioniert.

Zusammenfassend könnte man auch sagen: Wir können die Welt verändern, wenn sich der Einzelne verändert oder, noch besser, indem man jedem Menschen die Mittel an die Hand gibt, sich selbst zu verändern.

Die erforderliche Veränderung der Welt wird nicht durch Werbekampagnen vorankommen, gleichgültig wie ausgefeilt sie auch sein mögen. Sie wird weder aufgrund von teuren Projekten und Prozessen noch aufgrund größerer und besserer Waffen gelingen. Sie kann nicht herbeigeführt werden, indem wir versuchen, abstrakte Strukturen zu heilen, die Menschen lediglich repräsentieren. Die Veränderung der Welt setzt voraus, dass jedes Individuum für sich geheilt wird oder ihm die Mittel zur Selbstheilung bereitgestellt werden.

Glücklicherweise arbeiten überall auf der Welt Millionen von Menschen in den unterschiedlichsten Heilberufen tagtäglich daran, andere zu heilen. Andererseits gibt es zugleich Millionen Menschen, denen keine Heilung zuteil oder deren Heilung nicht effektiv genug vorangetrieben wird. Hinzu kommt, dass all diese Heilkundigen trotz all ihres unermüdlichen Einsatzes im Hinblick auf die Verbesserung ihrer Zeit- und Kosteneffizienz und auf die Erweiterung ihrer Dienstleistung nur wenig Spielraum hat.

Wenn es doch nur einen Weg gäbe, mehr Menschen effektiver und mit geringeren Kosten zu heilen. Kaum zu glauben, aber den gibt es. Um die Wahrheit zu sagen, es gibt sogar vermutlich viele solcher Wege, doch ich werde Ihnen hier nur einen einzigen vorstellen. Es handelt sich um die »Dynamind-Technik«, und dieses Buch handelt davon, wie man sie einsetzt. Der Vorteil dieser Technik ist, dass sie einerseits Selbstheilung ermöglicht, andererseits aber auch von einer Person bei einer anderen angewendet werden kann. Die Dynamind-Technik wirkt bei jedem beliebigen physischen, emotionalen, mentalen oder situationsbedingten Problem. Sie kann allein oder in Kombination mit anderen Methoden zum Einsatz kommen und ist so einfach, dass jedes Kind sie innerhalb kürzester Zeit erlernen kann.

Was die Kosten-Nutzen-Relation betrifft, nun, Dynamind ist kostenlos. Eine Einführung in die Dynamind-Technik ist in zahlreichen Sprachen als kostenloses Download auf der Website www.alohainternational.org erhältlich. Ich hoffe, dieses Konzept früher oder später in sämtlichen Sprachen zugänglich zu machen.

Das vor Ihnen liegende Buch ist nicht kostenlos, weil es sich nicht um eine Einführung, sondern um eine gründliche Aufarbeitung der Struktur und Anwendungsmöglichkeiten der Dynamind-Technik handelt. Wie zahlreiche einfache Dinge verfügt auch mein Ansatz zwar über eine leicht zugängliche Grundstruktur, jedoch zugleich auch über viele Ebenen potentieller Meisterschaft. Daher könnte man dieses Buch für jene, die alle Möglichkeiten der Dynamind-Technik umfassend erforschen wollen, als Voraussetzung der Meisterschaft begreifen oder für diejenigen, die diesen Ansatz ausgehend von einer breiteren Wissensbasis lehren wollen, als professionelles Handbuch.

Ebenso eignet es sich für solche Leser, die einfach mehr darüber erfahren wollen, wie man die Welt heilen könnte.

Die Entstehung der Dynamind-Technik

Die Dynamind-Technik erblickte im März des Jahres 2000 das Licht der Welt. Selbstverständlich ging der Geburt ein entsprechend langer Empfängnis- und Entwicklungsprozess voraus, doch wirklich greifbar wurde die Methode erst mit ihrer eigentlichen Geburt.

Seit meinem vierzehnten Lebensjahr, als mein Vater begann, mich in isometrischen Übungen, Selbsthypnose und telepathischer Kommunikation zu unterweisen, beschäftige ich mich aktiv mit Heilstrategien. Seit jener Zeit suche ich nach wirkungsvollen Methoden, die positive Veränderungen des Geistes, des Körpers und der Umstände herbeiführen, insbesondere in den Bereichen Hypnose, Akupressur, Atemtechniken und geleitete Fantasien.

Als klinischer Hypnosetherapeut experimentierte ich zehn Jahre lang umfassend mit der Macht der Worte und kam zu dem Schluss, dass der »Hypnosezustand« in Wahrheit eine durch Worte, die eine bestimmte Reaktion in dem Klienten auslösen, herbeigeführte mehr oder weniger intensive Fokussierung darstellt. Jeder Mensch, so fand ich heraus, ließ sich innerhalb von Sekunden hypnotisieren, wenn man nur die richtigen Worte verwendete, um seine Aufmerksamkeit zu erregen. Im gleichen Zeitraum experimentierte ich außerdem mit Symbolen, Berührungen und Energiefeldern und stellte fest, dass sie alle den gleichen Hypnosezustand herzustellen vermochten. Zugleich setzten die vier Methoden einen Veränderungsprozess im jeweiligen Klienten in Gang – allerdings verstand ich damals noch nicht genau, warum. Außerdem verwendete ich frei ersonnene »Intensitätsgraduierungen« für Emotionen und körperliche Empfindungen. Bald schon fand ich heraus, dass die Ergebnisse wenig mit meinen Fähigkeiten als Hypnotiseur zu tun hatten, sondern vielmehr mit der Energie, die der Klient in den Prozess einbrachte, mit der Technik selbst, sowie mit meiner Rolle oder meinem Charisma. Darüber hinaus beschäftigte ich mich mit auf Sprache beruhenden Techniken wie Affirmationen, Richtungsvorgaben, Segnungen, suggestiver Therapie und mit Lozanovs Suggestopädie.

Meinen Zugang zur Akupressur erhielt ich über das Studium der Akupunktur, mit der ich mich im Rahmen eines Abschlusses in Asiatischen Studien an der Universität von Colorado beschäftigte. Im Laufe der Jahre erwarb ich außerdem Kenntnisse in Shiatsu, Do-In und in einem System namens »Self Therap-Ease« (eine Form von Ganzkörperakupressur). Außerdem beschäftigte ich mich mit und praktizierte Reflexzonenmassage und kam zu dem Schluss, dass es sich bei der chinesischen Meridiankunde um ein kulturelles Konzept und nicht um eine physiologische Gegebenheit handelte. Offensichtlich wurde für mich jedoch auch, dass die Reflexpunkte selbst physiologische Erscheinungen sind und mit Schmerz auf Stress reagierten. Ich lernte, dass dieser Schmerz gelindert werden kann mittels Akupunktur (die ich selbst erfahren jedoch nie praktiziert habe), Wärmeanwendungen, elektrischer Stimulation, Druck, Massage, Klopfen und Fantasiebildern. Von meiner adoptierten hawaiischen Tante Laka lernte ich das System des Kahi Loa (traditionelle hawaiische Heilmassage) kennen. Es verdeutlichte für mich, dass sich der Schmerz an Akupressurpunkten einfach mit einer sehr leichten Berührung und einer Verlagerung des Fokus auflösen lässt.

Ich beschäftigte mich mit Yoga und lernte zahlreiche Atemtechniken kennen, doch meine wertvollsten Erfahrungen in diesem Bereich wurden mir von meinem adoptierten Onkel William Kahili vermittelt. Er unterwies mich in hawaiischen Atemtechniken und insbesondere in jener namens »Piko-Piko«.

In den siebziger und achtziger Jahren erwarb ich mir ein tief greifendes Verständnis für eine ganze Reihe Techniken in geleiteten Fantasien, doch auch hier gewann ich die wichtigsten und wertvollsten Einblicke durch die gemeinsame schamanische Arbeit mit meinem Onkel William.

All diese Einzelschritte können als Bestandteile des Entwicklungsprozesses der Dynamind-Technik begriffen werde. Die eigentliche

Geburt der Methode kam für mich überraschend, denn ich war der Meinung, mich abschließend mit der Entwicklung eines eigenen Heilkonzepts beschäftigt zu haben. Schließlich war mein Buch *Instant Healing Jetzt!* gerade dabei, veröffentlicht zu werden, und da ich es als Kulmination meines Heilwissens betrachtete, hatte ich mich nun eigentlich anderen Themen zuwenden wollen. Doch das Universum hatte offenbar andere Pläne für mich.

Zu Beginn jenes Jahres hatte ich einen Workshop zum Thema »Huna Therapie« abgehalten und darin verschiedene Techniken aus dem Buch *Instant Healing Jetzt!* vorgestellt. Im Anschluss an den Kurs erhielt ich eine E-Mail von einer Teilnehmerin, die sich für den Kurs bedankte und mir riet, mich mit einer Website zu beschäftigen, der ein ganz und gar anderer Heilansatz zugrunde lag. Es handelte sich um eine Website, in deren Zentrum Gary Craigs »Emotional Freedom Technik« stand. Sie machte mich immerhin so neugierig, dass ich die dort angebotenen Videos bestellt und mich auf eigene Faust der Überprüfung der in ihnen dargestellten Sachverhalte widmete. Craig, dessen System auf der Arbeit von Dr. Roger Callahan basiert, hat Großartiges geleistet, und sein gesamter Ansatz weist große Gemeinsamkeit mit dem Geist meines Buches auf. Als ich jedoch mit seinem Prozess experimentierte, fiel mir einiges dazu ein. Zunächst einmal erinnerte ich mich, dass ich bereits in den achtziger Jahren auf Callahans Arbeit gestoßen war und mich von ihr abgewandt hatte, weil ich sie als zu kompliziert und unlogisch empfand. Zweitens, es gab keinen Zweifel daran, dass die Emotional Freedom Technik funktionierte. In ihrer Wirkweise war sie praktisch identisch mit einigen Methoden hawaiianischen Ursprungs, die ich selbst regelmäßig anwendete. Doch die Emotional Freedom Technik wirkte in den meisten Fällen rascher.

Ich hatte zuvor verschiedene Schnellheilungstechniken entwickelt und auch angewandt. Zu ihnen gehören PRDW, eine auf Sprache basierende Technik, die sich unbewusster Dialoge bedient; Piko-Piko, die Tiefenatmung mit einer Aufmerksamkeitsverlagerung kombiniert; einer Art progressiver Desensibilisierung, bei der Erinnerungen und Spannungen freigesetzt werden; die Symbolisierung des Problems und Veränderung des Symbols; sowie Kahi, einer Methode, die Piko-Piko mit Berührung verbindet. All diese Techniken sind sehr erfolgreich und schnell wirksam, doch die Emotional Freedom Technik schien sie nicht nur im Bereich der Geschwindigkeit zu übertreffen, sondern auch flexibler auf eine ganze Vielzahl von Beschwerden anwendbar zu sein. Außerdem verlangte sie vom Klienten einen geringeren »Einsatz« im Hinblick auf Erinnerungsarbeit, innere Dialoge, Verhaltensänderungen etc.

Wie war das möglich, fragte ich mich? Craig und ich verwendeten unterschiedliche Techniken und kamen zu den gleichen Ergebnissen, obwohl wir in unserer Arbeit auf unterschiedlichen Theorien über den Heilungsprozess fußten. Er erzielte mit seiner Methode oft rascher Ergebnisse als ich. Statt also meine Vorstellungen und Techniken aufzugeben, modifizierte ich sie lediglich. Was würde diese und jene Veränderung bewirken, was die Kombination mit dieser und jener Methode? Wie einfach durfte der Prozess sein, ohne an Wirksamkeit einzubüßen? Meine Forschungsprotokolle sind voller größerer und kleiner Variationen des Prozesses, die ich bei der Arbeit mit meinen Klienten ausprobiert habe. Die sich bei dieser Entwicklungsarbeit herauskristallisierende Technik sollte folgende Vorgaben erfüllen:

1. Sie musste effektiv sein.
2. Sie sollte leicht erlernbar und äußerst einprägsam sein.
3. Sie sollte auf einer logischen, nachvollziehbaren Theorie basieren.
4. Sie musste bereits bekannte Ansätze beinhalten (also Methoden, die auf wohlbekannten Prozessen basieren).
5. Sie musste so flexibel sein, dass sie sich mit anderen Behandlungsformen und Prozessen kombinieren ließ.
6. Sie sollte ebenso schnell oder sogar noch schneller wirksam sein wie Gary Graigs Emotional Freedom Technik.

Das Endergebnis war ein Prozess, der verschiedene wirksame Techniken der hawaiischen Tradition zu einem neuen »Rezept« verband, sich jedoch in den zugrunde liegenden Konzepten sehr deutlich von jenen der Emotional Freedom Technik und anderen verwandten »Energietherapien« unterschied.

Im Juni 2000 wurde die Dynamind-Technik erstmals öffentlich in einem Workshop in Nuuk auf Grönland vorgestellt. Nachfolgend die fünf beispielhaften Klienten, die wir damals zu Demonstrationszwecken auf die Bühne baten. Jede der fünf Personen aus dem Publikum stellte sich für das Experiment freiwillig zur Verfügung. Beachten Sie bitte, dass sich zwar jede einzelne »Runde« aus vier Schritten zusammensetzt, dass der Prozess selbst aber kaum dreißig Sekunden dauert.

Fall 1: Ärztin. Mehrere Runden Dynamind reduzierten ihre Schmerzen im Schulterbereich so sehr, dass sie sich nicht erinnern konnte, wann sie zuletzt derart entspannt gewesen war.

Fall 2: Krankenschwester. Mehrere Runden lösten aus einer Krebsoperation zurückgebliebene Schmerzen auf. Weitere Runden nahmen ihr die Angst, der Krebs könnte zurückkommen.

Fall 3: Student. Zwei Runden linderten seine Spannungen im Kniebereich.

Fall 4: Architekt. Zwei Runden befreiten ihn von Angstzuständen.

Fall 5: Lehrerin. Mehrere Runden nahmen ihr das Gefühl schwerer Beine.

Seit jenem ersten Workshop wurde die Dynamind-Technik weltweit tausenden von Menschen mit Hilfe von Videos, Broschüren, über das Internet, Kurse und ein internationales Team von zertifizierten Dynamind-Praktikern und -Lehrern vermittelt. Unsere Aufzeichnungen zeigen, dass die Dynamind-Technik in den im Anschluss aufgeführten Problemgruppen erfolgreich und wirkungsvoll zur Anwendung kam. Die Liste ist natürlich nicht vollständig, weil laufend neue Anwendungsmöglichkeiten erprobt werden.

Befreiung von körperliche Schmerzen in den Bereichen: Rücken, Schultern, Gelenke, Muskeln (Myalgie eingeschlossen), Kopf (Schmerzen und Migräne), Nacken (Schmerzen und Versteifung), Augen, Knochen, Haut, Herz, Sehnen, weibliche Fortpflanzungsorgane, schwer lokalisierbare Schmerzzustände.

Befreiung von anderen körperlichen Zuständen wie: Taubheit und Kribbeln, Arthritis (Schmerz, Schwellung, Versteifung), Krebs (Schmerz, durch die Behandlung verursachte Übelkeit, einhergehende emotionale Beschwerden), Versteifungen (Gelenke und Muskeln), Hautbeschwerden (Dermatitis, Ekzem, Ausschlag, Schwellungen, Juckreiz), Allergiesymptome, Übelkeit (auch Seekrankheit), Gewichtsprobleme (mit ihr in Verbindung stehende Kontrollbedürfnisse), Tinnitus, Ohrendruck, durch Diabetes ausgelöstes Zittern, Erkältungssymptome, Nasen- und Stirnhöhlenbeschwerden, Atemlosigkeit, Müdigkeit und Erschöpfung, Schwäche, Schwindel, Nervosität, Hyperaktivität, Hitzewallungen, menopausale Symptome, Schlaflosigkeit, Verbesserung der Sehfähigkeit bei Kurz- und Weitsichtigkeit sowie Verzerrungen, allgemeine körperliche Stress- und Anspannungssymptome.

Befreiung von emotionalen Schmerz- und Gefühlszuständen: Angst (im Besonderen und Allgemein), Wut und Groll, Schuld und Trauer, Unglücklichsein, Depression, Verlust, Verlassenheit, Enttäuschung, Traurigkeit, Folgen von Missbrauch, allgemeine emotionale Stress- und Anspannungssymptome.

Befreiung von mentalen Schmerz- und Gefühlszuständen: Zweifel, Verwirrung, Entschlusslosigkeit, Konflikte, Besorgnis, mangelndes Selbstwertgefühl, mangelnde Selbstachtung, Kritiksucht, negative Einstellung, Albträume, Autismussymptome, allgemeine mentale Stress- und Anspannungssymptome.

Befreiung von Gewohnheiten: Nägelkauen, Rauchen, Bettnässen, Alkoholkonsum (Drangkontrolle), Eßsucht (Drangkontrolle und emotionale Aspekte).

Auf den nachfolgenden Seiten werden Sie die Theorie, auf der die Dynamind-Technik basiert, eine detaillierte Analyse aller Einzelschritte und eine Vielzahl von Anwendungsmöglichkeiten kennen lernen. Die meisten Beispiele lassen sich problemlos auf den Alltag der meisten Menschen übertragen, doch mache ich Sie darauf aufmerksam, dass ich auch einige der ungewöhnlicheren Aspekte abhandeln werde.

Für diejenigen von Ihnen, die nicht abwarten können, nachfolgend die Zusammenfassung der Dynamind-Technik, wie ich sie auf einer Karte an meine Klienten gebe:

> **Die Dynamind-Technik**
> Sagen Sie: »Ich habe ein Problem, doch das kann sich ändern; ich will, dass das Problem verschwindet.«
> Klopfen Sie siebenmal auf Ihre Brust, Ihre beiden Handrücken und auf Ihren Nackenansatz.
> Atmen Sie ausgehend von Ihrem Scheitel bis in Ihre Zehen.

Ein einfacheres Konzept ist nur schwer vorstellbar, doch das Beste daran ist, dass es funktioniert, gleichgültig, ob Sie begreifen wie. Wenn Sie verstehen wollen wie es funktioniert, dann müssen Sie weiter lesen.

1
Eine andere Theorie des Heilens

Es gibt nur wenige bedeutende Dinge, die alle Menschen überall auf der Welt gemeinsam haben. Wenn man einmal von ähnlichen inneren und äußeren Organen, einem Körper, der mehr oder weniger dem Goldenen Schnitt von 1:1,618 entspricht und von unterschiedlichen Ebenen des Erinnerungsvermögens und der Vorstellungskraft absieht, dann haben sie auch noch bestimmte Reaktionsmuster auf die Erfahrungen des Lebens gemeinsam. Diese Reaktionsmuster stimmen unabhängig von Rasse, Farbe, Kultur und Glaubens bei allen Völkern überein, auch wenn nicht jede Person auf eine bestimmte Situation jederzeit exakt gleich reagiert.

Das im Hinblick auf unser Leben wichtigste all dieser Reaktionsmuster und zugleich das vielleicht am wenigsten begriffene heißt Stress. Da es eine der wichtigsten Zielsetzungen von Dynamind ist, Stress zu reduzieren, wollen wir uns mit diesem Phänomen ein wenig gründlicher befassen.

Stress und dynamische Systeme

Stellen Sie sich ein Orchester vor, dass an einem Sommerabend für ein Publikum von tausend Menschen auf einer Freiluftbühne eine Symphonie spielt. Die Musiker konzentrieren sich auf den Dirigenten, ihre Instrumente, ihre Noten und ihr Orchester. Zur gleichen Zeit werden sie beeinflusst vom Publikum, der kühlen Nachtluft, möglicherweise von Insekten und von den sie umgebenden Geräuschen der Stadt oder der Natur, je nachdem, wo sich die Bühne befindet. Plötzlich bläst mitten in der Vorstellung ein Windstoß mehrere Noteblätter von den Ständern. Unter den betroffenen Musikern, die versuchen ihrer Noten habhaft zu werden, kommt es zu Gerangel, während der Rest des Orchesters ein wenig ins Stocken gerät, sich wieder fängt und das Fehlen der anderen so gut wie möglich zu kompensieren versucht, bis diese mit ihren Noten zurück auf ihre Plätze gefunden haben und weiterspielen können wie zuvor.

Alles, was sich aus verschiedenen Teilen zusammensetzt, organisiert ist und einen bestimmten Zweck verfolgt, kann man als System bezeichnen. Somit kann man von einem Schienensystem, einem Tunnelsystem, einem Verteilungssystem, einem Klangsystem und so weiter sprechen. Bei dieser Art Systeme handelt es sich jedoch um statische Systeme. Das heißt, sie werden von äußeren Kräften (wie etwa Menschen) ins Leben gerufen und wenn sie eine Störung erfahren, dann sind es wieder äußere Kräfte (Menschen), die die Reparatur übernehmen müssen. Ein dynamisches System hingegen, organisiert und repariert sich selbst, auch wenn es von äußeren Kräften beeinflusst wird (menschlicher oder anderer Natur), jedenfalls bis zu einem bestimmten Grad. Ein Orchester ist eine Gruppe einzelner Personen, die sich zusammentun und einen bestimmten Zweck verfolgen. Es ist in der Lage, sich selbst zu organisieren und zu reparieren, falls es zu einer Störung von außen kommt.

Die Fähigkeit eines dynamischen Systems (etwa eines Orchesters), auf eine Störung (der Windstoß, der die Notenblätter fortträgt) durch die koordinierte Reaktion seiner Teile (einige Musiker, die die Noten zurückholen, und andere, die sich auf ihre Abwesenheit einstellen) zu reagieren und den ursprünglichen dynamischen Zustand (als Orchester) wiederherzustellen, nennt man Homöostase oder »die Aufrechterhaltung eines Gleichgewichts mit Hilfe von Regelsystemen«.

Einzelpersonen sind dynamische Systeme, die sich aus zahlreichen Untersystemen zusammensetzen (Nervensystem, Atemsystem, Blutkreislauf, Lymphsystem und so weiter), und sie sind ebenfalls der

Homöostase fähig. Beim menschlichen Körper bezieht sich der Begriff auf dessen Versuch, etwaigen Veränderungen seines gegenwärtigen dynamischen Zustands zu widerstehen oder mittels Prozessen wie Heilung sofort rückgängig zu machen.

Dinge, die das Potential besitzen, Störungen oder Veränderungen zu bewirken, bezeichnet man als »Stressoren«, und die Reaktion des Widerstands auf diese Stressoren heiß »Stress«. Dieser Zusammenhang ist so wichtig, dass ich ihn noch einmal anders formuliert wiederholen will. Der Stress, mit dem wir Menschen konfrontiert sind, hat seinen Ursprung nicht in den Störungen, Veränderungen oder äußeren Einflüssen, denen wir ausgesetzt sind, auch nicht in jenen, die wir selbst erzeugen. Diese Dinge *können* Stresswirkungen verursachen, aber sie tun es nicht *zwangsläufig*. Eine übermäßige Zahl positiver Ionen verursacht bei bestimmten Menschen Kopfschmerzen und Reizbarkeit, aber nicht bei *allen*. Kritik versetzt *manche* Menschen in Stress, doch nicht *alle*. Die *meisten* Menschen leiden nach dem direkten Kontakt ihrer Haut mit Feuer unter schmerzhaften Verbrennungen, doch *einige* Menschen können auf glühenden Kohlen gehen, ohne dass es irgendwelche Auswirkungen hat. Jeder Mensch wird auf irgendeine Weise von Stressoren beeinflusst, doch manche passen sich schneller an oder erholen sich rascher davon als andere. Körperlicher, emotionaler oder mentaler Schmerz entsteht nur durch den Widerstand, der einer dem persönlichen System drohenden Störung oder Veränderung entgegengesetzt wird.

Doch warum sollte sich ein System gegen Veränderung wehren? Wie kommt es, dass Veränderung einen Impuls des Widerstands stimuliert?

Ohne den Widerstand gegen Veränderung würde ein System, gleich welcher Art, im Chaos versinken und deshalb als System aufhören zu existieren. Damit ein dynamisches System als solches fortbestehen kann, muss es die Fähigkeit besitzen, angesichts von Veränderungen seine Integrität wiederherzustellen. Isaac Newton hat sein erstes Grundgesetz der Mechanik, das Trägheitsgesetz, so formuliert:

Newton Ohne den Einfluss einer im Ungleichgewicht befindlichen Kraft, ändert ein Körper seinen Bewegungszustand nicht, das heißt er bleibt in Ruhe oder bewegt sich mit konstanter Geschwindigkeit.

Manche Menschen meinen, es gehe lediglich um die Einwirkung *irgendeiner äußeren Kraft*, unabhängig davon, ob sie sich im Gleichgewicht befindet oder nicht. Doch Newton zeigt, dass eine äußere, im Gleichgewicht befindliche Kraft keinen Einfluss auf den Bewegungszustand des Körpers nimmt. Und, was noch interessanter ist, Newton behauptet gar nicht, dass die im Ungleichgewicht befindliche Kraft von außen kommen muss – ein sehr wichtiger Aspekt, auf den ich später noch einmal zurückkommen werde.

Im Fall eines offenen dynamischen Systems, wie der menschliche Körper eines darstellt, gilt eine sehr ähnliche Regel. Man könnte sie folgendermaßen formulieren:

> Ein offenes dynamisches System neigt dazu, sich seine Integrität als System zu bewahren, es sei denn, es gerät in den Einfluss einer nicht im Gleichgewicht befindlichen Kraft. In einem solchen Fall, versucht es, wenn es kann, seine Integrität wiederherzustellen, im anderen Fall hört es auf, ein System zu sein.

In Stress zu geraten, also mit Widerstand gegenüber einem Stressor zu reagieren, ist eines der Mittel, die ein Körper oder System ausprobiert, um seine Integrität zu wahren. Offene dynamische Systeme wie der menschliche Körper verfügen über die zusätzliche Fähigkeit der Wiederherstellung ihrer Integrität bis zu einem gewissen Grade. Aus praktischen Gründen bezeichnen wir diese Fähigkeit als »Heilung«. Das Orchester in dem genannten Beispiel stellte seine Integrität wieder her, nachdem eine Böe die Notenblätter fort geblasen hatte. Würden Musiker während der Vorstellung erkranken und müssten nach Hause gehen, dann würde das Orchester versuchen, wie bisher und so lange weiter zu funktionieren, bis zu viele Musiker fehlen würden, als dass es noch als Orchester agieren könnte. Das gleiche gilt für Menschen. Sie werden so lange versuchen, sich »nicht im Gleichgewicht befindlichen Kräften« anzupassen, wie sie noch als Menschen funktionieren können. Oder sie werden diesen Kräften so lange wie möglich Widerstand entgegenbringen. Es ist wichtig zu wissen, wie Menschen auf Stressoren oder »nicht im Gleichgewicht befindliche Kräfte« reagieren, damit man verstehen kann, in welcher Beziehung Heilung zu Stress steht.

Als Menschen haben wir es im Wesentlichen mit zwei dynamischen Systemen und mit vier Reaktionsweisen auf nicht im Gleichgewicht befindliche Kräfte zu tun.

Zwei Systeme

Als erstes ist da das *physische System*, also unser Körper. Da es ein dynamisches System ist, verändert es sich unablässig und reagiert ständig auf die Veränderungen seines inneren wie seines äußeren Milieus. All dies geschieht im Rahmen eines umfassenden Musters funktionalen Verhaltes, das wir als »lebendig sein« bezeichnen. Lebendig sein ist natürlich nicht zwangsläufig dasselbe wie gesund sein, denn das physische dynamische System umfasst ein äußerst breites Spektrum möglicher Funktionszustände oder -ebenen, in deren Rahmen ein lebendiger Körper existieren kann. »Lebendig sein« kann heißen, sich im Koma befinden, während Maschinen die grundlegendsten Körperfunktionen aufrechterhalten, oder es kann heißen, sich in einem Zustand der Glückseligkeit zu befinden und über scheinbar wundersame Heilkräften zu verfügen. Und natürlich schließt »lebendig sein« auch alle Zwischenstufen zwischen diesen Extremen ein.

Zweitens haben wir das *mentale System*, also unseren Geist und Verstand. Obgleich der Geist so schwer fassbar ist, dass wir ihn mit der Terminologie der Physik und Biologie nicht erklären und ihn nicht einmal in ausreichend klaren metaphysischen Begriffen jedermann verständlich machen können, hat doch jeder, der über Erinnerungen, Denkfähigkeit und Fantasie verfügt, Erfahrung damit. Trotz seiner schweren Fassbarkeit verhält sich der Geist wie ein dynamisches System. Am besten sehen wir dies, wenn wir davon ausgehen, dass Überzeugungen die zugrunde liegende »Struktur« des Geistes darstellen, so wie Zellen diese Funktion im Körper erfüllen. Unser Überzeugungsgerüst wehrt sich gegen jegliche Veränderung, und doch existiert neben ihm der Drang, alles das zu lernen, was die Anpassung, Modifizierung und Veränderung von Überzeugungen fördert. Wie der Körper versucht der Geist, sich seine Integrität zu bewahren, und reagiert entsprechen auf nicht im Gleichgewicht befindliche äußere Kräfte wie neue Erfahrungen und die Vorstellungen anderer Menschen.

Körper und Geist reagieren ähnlich auf Stressoren.

Vier Reaktionsweisen auf Stressoren

Die vier Reaktionsweisen auf Stressoren, die ich zur Debatte stellen möchte, umfassen die beiden wohlbekannten Widerstandsformen *Kampf* und *Flucht* wie auch zwei weniger offensichtliche, die ich als *Frieden* und *Spiel* bezeichne. Jede von ihnen ist eine natürliche Reaktionsweise, die sowohl auf positive wie auch auf negative Weise zum Einsatz kommen kann. Unser Zeitalter hat die Bedeutung der beiden erstgenannten weit über das eigentliche Maß ihres potentiellen Nutzens hinaus übertrieben.

Kampf ist eine Stressreaktion, mittels derer wir versuchen, einen Stressor abzuschütteln, ihn gewaltsam zu verändern oder ihn zu zerstören. Als physische Beispiele könnte man nennen: jemanden schlagen, der einem lästig ist, ein aktives Kind um der eigenen Bequemlichkeit willen zum Hinsetzen zwingen oder ein Buch zerreißen, mit dessen Inhalt man nicht einverstanden ist. Zu den mentalen Beispielen gehören: wütend gegen eine Idee argumentieren, die einem nicht gefällt, jemanden kritisieren, damit er sich verändert, oder Klatsch über jemanden verbreiten, um seinen Ruf zu schädigen.

Kampf als Stressreaktion bringt vor allem zwei Probleme mit sich. Zum einen verursacht er derartige Spannungen, dass das eigene dynamische System in Mitleidenschaft geraten kann. Zum anderen fördert er das Widerstandsverhalten gerade der dynamischen Systeme, die man bekämpft. Anders ausgedrückt, wenn Sie sich für eine Kampfreaktion entscheiden, dann bewirken Sie meist nur deren Gegenwehr.

Mit *Flucht* als Stressreaktion versuchen wir, vor einem Stressor davonzulaufen, ihm aus dem Weg zu gehen oder ihn zu unterdrücken. Zu den physischen Beispielen, die uns interessieren, gehören: von zu Hause fortlaufen, weil man sich ungeliebt fühlt, zum Alkoholiker werden, um emotionalen Schwierigkeiten aus dem Weg zu gehen, oder sich selbst zum Ausharren in einer Beziehung zwingen, die nicht mehr den eigenen Vorstellungen entspricht. Zu den mentalen Beispielen wären zu rechnen: mittels Meditation oder Tagträumen den eigenen Problemen entfliehen, sich mit Fernsehen ablenken, damit man Dinge, die man nicht tun möchte, nicht tun muss, oder so tun, als sei einem etwas gleichgültig, was einen jedoch im Inneren zutiefst berührt. Wie die Kampfreaktion erzeugt auch die Fluchtlösung Spannungen, die das eigene System destabilisieren können. Anders als die Kampfreaktion errichtet der Fluchtmechanismus zwischen einem selbst und anderen Menschen eine Barriere, die dazu führt, dass sich die anderen mit noch größerer Wahrscheinlichkeit von einem abwenden.

Innerhalb eines Systems werden Kampf- und Fluchtreaktionen oft vermischt. Der Drang, jemanden aus Wut zu schlagen, kann aus Angst so stark unterdrückt werden, dass die wütende Person eine Schleimbeutelentzündung in der Schulter entwickelt. Die Angst vor dem Ausdruck von Wut kann einen epileptischen Anfall auslösen. Ein menschliches dynamisches System, das zugleich wütend auf sich ist und Angst vor sich hat, kann vernichtende Konsequenzen für Gesundheit und Wohlergehen bedeuten.

Frieden als Stressreaktion toleriert den Stressor so weit, bis er aufhört ein Stressor zu sein, oder integriert ihn mit der gleichen Wirkung in das System. Als physische Beispiele könnten gelten: die Art, wie wir nach einer Weile einen unangenehmen Geruch nicht mehr wahrnehmen, die Leichtigkeit, mit der wir ein weiteres Gedeck auflegen, wenn ein Freund noch jemanden zum Essen mitbringt, oder die Bereitschaft, etwas zu essen, was man nicht mag, weil es einen bestimmten Ernährungswert hat. Zu den mentalen Beispielen gehören: die Anpassungen, die wir vornehmen, wenn ein Freund fortzieht, die Entscheidung, die Kinder ihr Zimmer selbst streichen zu lassen, oder die Bereitschaft, einen Schwiegersohn oder eine Schwiegertochter in die Familie aufzunehmen. Weil Frieden als Stressreaktion flexibel und nicht widerständisch ist, werden von einem Stressor ausgelöste Spannungen rasch aufgelöst. Dennoch ist es denkbar, dass die Toleranz gegenüber einer Situation oder die Anpassung an eine Person das Maß überschreitet und die Integrität des Systems bedroht. In diesem Fall, etwa wenn das Verhalten der anderen Person so destruktiv wird, dass Frieden als Reaktion keine vernünftige Option mehr ist, kann der unbewusste Selbsterhaltungstrieb des Systems eine Kampf- oder Fluchtreaktion auslösen.

Spiel als Stressreaktion bedient sich des Stressors vorübergehend oder ständig zum Vorteil des Systems, womit er im Wesentlichen aufhört, ein Stressor zu sein. Physische Beispiele: ein körperliches Handicap einsetzen, um andere mit ähnlichen Problemen zu inspirieren, die Verwandlung von körperlicher Ertüchtigung in eine angenehme Gewohnheit, oder aus Arbeit ein Spiel machen. Mentale Beispiele: lernen wie man die eigene Krankheit heilt, ein Buch über eine persönliche Krise schreiben oder das eigene Leid in Kunst verwandeln. Die einzige potentiell negative Auswirkung der Spielreaktion tritt ein, wenn man aufhört, Spaß zu haben an dem, was man tut. Dann tritt der Kampf- oder Fluchtmechanismus auf den Plan. In unserer modernen Berufswelt bezeichnen wir das, was dann eintritt, als »Burnout-Syndrom«.

Die ersten beiden Reaktionstypen führen zu starken temporären oder chronischen Spannungen, die zwei letzteren tun dies nicht. Jeder Mensch bedient sich bis zu einem gewissen Grade aller vier, doch die meisten Gesellschaften heute fördern die Entwicklung von Geschicklichkeit in Kampf- oder Fluchttechniken weit stärker als in Frieden stiftenden oder spielerischen Maßnahmen. Gemäß meiner Theorie stellen alle vier natürliche Reaktionsweisen dar, und es gibt für die Anwendung von jeder einzelnen eine richtige Zeit und einen richtigen Ort. Da jedoch ein Großteil unserer persönlichen wie sozialen Probleme seinen Ursprung im übermäßigen Gebrauch von Kampf- und Fluchtreaktionen hat, richtet sich ein wesentlicher Teil der Informationen in diesem Buch auf die Heilung der Auswirkungen dieses übermäßigen Gebrauchs.

Drei Arten von Stressoren

Stressoren, die Einfluss auf den Körper oder den Geist nehmen, sind immer energetischer Art. Das bedeutet, lediglich die von dem potentiellen Stressor wachgerufene oder provozierte Energie vermag Stress auszulösen, nicht aber der Stessor selbst. Ein Hammer kann allein dadurch, dass er ein Hammer ist, keine Stressreaktion bewirken. Wenn er absichtsvoll oder zufällig auf einen Finger fällt oder wenn er eine entschiedene traumatische Erinnerung heraufbeschwört, dann wird vermutlich eine Stressreaktion die Folge sein, doch wenn er nur daliegt in einem ruhigen Zustand seines Hammerseins, dann nicht. Davon einmal abgesehen hängt die persönliche Wahrnehmung der Wirkkraft eines Stressors vom gegenwärtigen Stresszustand des Systems ab. Je gestresster ein System gerade ist, desto stärker reagiert es auf die Anwesenheit eines zusätzlichen Stressors. Es gab eine Zeit in meinem Leben, da stand ich unter solchem Stress, dass ich die Augen geschlossen halten musste, weil ich selbst den Anblick der schattenrisshaften Gegenstände in dem abgedunkelten Raum nicht ertragen konnte. In diesem Fall waren es nicht die Dinge selbst, die ich unerträglich fand, sondern die Energie des matt zurückgeworfenen Lichts..
 Es gibt dreierlei Stressoren, auf die wir reagieren: physische, emotionale und mentale. Bei der Beschäftigung mit Stressoren ist es das Wichtigste zu wissen, dass sie, unabhängig von ihrem Ursprung und abhängig davon, wie viel Widerstand wir ihnen entgegenbringen, immer sowohl das physische als auch das mentale dynamische System in Stress versetzen.

Physische Stressoren sind solche, die auf uns über unsere fünf Sinne wirken. Emotionale Stressoren sind die bisher nicht messbaren Energien anderer Leute Emotionen und die energetische Wirkung unserer eigenen Gefühle. Mentale Stressoren sind die Gedanken und Vorstellungen anderer Menschen wie auch unsere eigenen.

In den nachfolgenden beiden Abschnitten will ich zunächst darauf eingehen, wie der physische Körper typischerweise auf Stressoren reagiert, wenn er von einer Kampf- oder Fluchtreaktion in Anspruch genommen ist, dann will mit der gleichen Fragestellung dem Geist zuwenden. Mit emotionalen Reaktionen will ich mich in den Kapiteln über Wut und Angst befassen.

Die physische Stressreaktion

Denken Sie daran, der Begriff »Stressreaktion« bezeichnet das Verhalten, das mit dem Widerstand gegen einen Stressor einhergeht.

Eine Menge verschiedener Dinge geschehen im Körper gleichzeitig, wenn eine Stressreaktion stattfindet. Ich werde mich damit eins nach dem anderen befassen, doch machen Sie sich klar, in Wirklichkeit finden sie alle gleichzeitig statt. Bedenken Sie außerdem, dass ich die Abläufe stark vereinfache, da es sich hier ja nicht um ein Fachbuch über Physiologie handelt. Und noch etwas: Fast alles, was wir über das Funktionieren des menschlichen Körpers zu wissen meinen, basiert auf Theorien; wundern Sie sich also nicht, wenn nicht jeder Arzt oder Heilpraktiker mit meiner Sichtweise der Dinge übereinstimmt.

Muskelspannung

Muskeln setzen sich aus länglichen Zellen zusammen, die auf, normalerweise vom Nervensystem ausgehende, Stimulierung mit Kontraktion oder Dehnung reagieren und danach wieder zu ihrer entspannten Ausgangsform zurückkehren. Im Wesentlichen sind sie zuständig für die Ermöglichung von Bewegung, die Wahrung einer Haltung und für die Bereitstellung von Wärme. Da bestimmte Muskeln Organe wie etwa die Blutgefäße oder die Augen einkleiden, kann starke Stimulation akute oder chronische Kontraktionen bewirken, die die Organfunktion hemmen oder die Zirkulation von Blut und Lymphe behindern.

Von einer Stressreaktion ausgelöste Muskelkontraktionen können außerdem den Gesichtsausdruck und die Körperhaltung beeinträchtigen, zu flachem und/oder heftigem Atmen führen, Herzfrequenz und Blutdruck steigern oder das Sehvermögen mindern, um nur einige wenige mögliche Auswirkungen zu nennen.

Erweiterung der Blutgefäße
Blutgefäße, zu denen Venen, Arterien und Kapillare gehören, sind beschaffen wie Rohre aus dichtverwobenem Netz. Wenn der Körper in Stress gerät, dann erweitern sich die Blutgefäße, vielleicht um einen gesteigerten Blutfluss zu den arbeitenden Zellen zu ermöglichen. Ist der Stress jedoch zu groß, dann erweitern sie sich in einem solchen Maß, dass das Blut in die umliegenden Zellen austritt. Der erste Blutbestandteil, der durch das Netz nach außen dringt, ist Wasser, deshalb ruft jede Stressreaktion immer eine gewisse Dehydrierung hervor. Je größer der Stress, desto mehr Wasser verliert der Körper, und schließlich wirkt die Dehydrierung selbst als Stressor und verursacht sogar noch mehr Stressreaktionen. Die nächste Flüssigkeit, die der Körper aufgrund von Stress verliert, ist Blutplasma, der klare Teil des Blutes, der unter anderem weiße Blutkörperchen und Protein enthält. Wenn Blutplasma in die umliegenden Zellen gelangt, dann kann es die Sauerstoffaufnahme durch die Zellen verhindern und verursacht örtliche Beschwerden oder Schmerzen unterschiedlichen Grades.

Der dramatischste Flüssigkeitsverlust aufgrund von Blutgefäßerweiterung ereignet sich, wenn die roten Blutkörperchen durch das Netz hinausgelangen. Die Folge sind die noch gravierenderen Stressreaktionen, die wir im Volksmund mit »ihm wich alles Blut aus dem Gesicht«, oder »sie war plötzlich leichenblass« kommentieren. Es hat Fälle gegeben bei denen der Verlust von roten Blutkörperchen während einer Stressreaktion so groß war, dass eine Bluttransfusion erforderlich wurde.

Herzfrequenz
Das Herz ist auch ein Muskel, doch die Anforderungen an ihn sind höher als an andere, denn er muss sich unablässig im Wechsel dehnen und zusammenziehen, um das Blut durch den Kreislauf zu pumpen. Wie bei anderen Muskeln auch können starke Stressoren das Herz veranlassen, sich mehr als sonst zusammenzuziehen oder zu dehnen, doch häufigste Stressreaktion des Herzens ist die Beschleunigung der Herzfrequenz. Der gesunde Aspekt dieser Reaktion besteht darin, dass mehr Blut in die Bereiche gelangt, die am schnellsten versorgt werden müssen. Der ungesunde Aspekt aber ist, dass gerade diese Körperbereiche unter äußerster Anspannung stehen und dass die gesteigerte Herzfrequenz und der höhere Blutdruck unangenehme Nebenwirkungen haben können.

Thymuskontraktion
Der Thymus ist eine kleine flache Drüse, die sich in der oberen Mitte der Brust befindet. Sie spielt eine entscheidende Rolle bei der Herstellung von weißen Blutkörperchen und somit im gesamten Immunsystem. Obwohl man für gewöhnlich davon spricht, dass die Drüse selbst sich während einer Stressreaktion zusammenzieht, kann es auch vorkommen, dass die sie umgebende Muskulatur im Brustraum sie zusammendrückt. Beides führt zu einer Produktionsverringerung von weißen Blutkörperchen und, abhängig von der Schwere der Reaktion, zu einem Gefühl der Enge in der Brust bis hin zu starken Schmerzen.

Energieverbrauch
Glukose ist ein Zucker, und bei den meisten Menschen ist es der Haupttreibstoff, den der Körper für die Aufrechterhaltung seiner Funktionen, für Wachstum, Reparatur und Aktivität verbrennt. Glukose oder Traubenzucker ist jedoch auch der Haupttreibstoff des Gehirns. Für den unmittelbaren Bedarf des Körpers befindet sich immer eine geringe Menge Glukose im Blutstrom, doch überwiegend wird sie in Form von Glykogen vor allem in der Leber aber auch in der Muskulatur gespeichert. Menschen, die wenig Kohlehydrate und viel

Protein zu sich nehmen, wie die meisten Inuits, Mongolen, Berber und Atkins-Diät-Anhänger, nutzen Fettsäuren zur Energiegewinnung. Doch eine gewisse Menge Glukose brauchen auch sie, sonst treten Stresssymptome auf. Als Bestandteil der Stressreaktion stellen Leber und Muskulatur zusätzliche Glukose bereit, damit der Körper für die bevorstehende hohe Aktivität gerüstet ist. Da es das Hormon Adrenalin ist, das für die Glukoseausschüttung sorgt, wird auch von einem »Adrenalinstoß« gesprochen. Weil ein Übermaß an Zucker im Blutstrom auf Dauer die roten Blutkörperchen schädigen kann, wenn der Zuckertreibstoff nicht rasch genug aufgebraucht wird, stößt die Bauchspeicheldrüse Insulin aus, um die Glukose zu neutralisieren. In einer lang andauernden Stresssituation können Glukose- und Insulinspiegel hin und herschwanken und damit ein breites Spektrum an Gesundheitsproblemen verursachen.

Schmerzgefühle
Stressreaktionen lösen häufig Schmerzgefühle in den unterschiedlichsten Körperregionen aus. In der Folge können sich diese Schmerzgefühle selbst in Stressoren verwandeln und weitere Stressreaktionen verursachen. Es gibt keine allgemein akzeptierte Theorie über die Ursache von Schmerz, doch im Allgemeinen wird angenommen, dass jeglicher Schmerz seinen Ursprung in überstimulierten oder geschädigten Nerven hat. Jüngere Forschungsergebnisse lassen jedoch anderes vermuten. Dr. John Sarno vom Rusk Institut an der New York University macht ein Leiden namens Tension Myositis Syndrom, in dessen Mittelpunkt das Zusammenspiel von Emotionen, limbischem System, Gehirn und autonomem Nervensystem steht, für einen Großteil der Schmerzzustände des Körpers verantwortlich. Dr. Majid Ali, Medizinprofessor an der Capital University of Integrative Medicine in New York, hält Sauerstoffentzug auf Zellenniveau für die Ursache von Schmerz und vieler anderer Stresssymptome. Meine eigene Komplementärtheorie, die ausschließlich auf empirischen Studien beruht, besagt, dass physische Spannung die direkte Ursache von Schmerz ist, ob sie sich nun auf Nerven auswirkt oder die Sauerstoffzufuhr zu den Zellen verhindert.

Endorphinausschüttung
Stressreaktionen wie auch Schmerzen führen zur Ausschüttung von Endorphinen. Dieser natürliche Stimmungsaufheller reduziert das Schmerzgefühl, verstärkt die Immunreaktion und sorgt für angenehme Gefühle. Ist die Stressreaktion zu stark, dann bekommen wir von der Wirkung der Endorphine natürlich nicht viel mit. Doch ohne sie wären Stress- und Schmerzsymptome ohne Zweifel noch viel unangenehmer. Zur Endorphinausschüttung kommt es jedoch nicht nur bei Stress und Schmerz, sondern auch durch den Verzehr von Schokolade und Süßigkeiten, bei großer sportlicher Anstrengung, bei der Akupunktur, Massage, beim Sex oder in der Meditation. Hinzu kommt, dass die Endorphinausschüttung individuell verschieden ist.

Dies sind also einige der wesentlichsten physischen Stressreaktionen des Körpers. Nun wollen wir uns dem mentalen System zuwenden.

Die mentale Stressreaktion

Wie der Körper ist auch der Geist ein dynamisches System. Er versucht gleichfalls einen Zustand der Homöostase aufrechtzuerhalten, indem er sich bemüht, Angriffen von nicht im Gleichgewicht befindlichen inneren wie äußeren Kräften entweder zu widerstehen oder sich den einhergehenden Veränderungen anzupassen. Obgleich man Geist und Körper als voneinander unabhängige Systeme betrachten könnte, von denen ein jedes auf seine Weise auf Stressoren reagiert, sind sie doch ebenso wenig voneinander zu trennen wie Kreislaufsystem und Nervensystem oder wie das Orchester von seinen Zuhörern. Ja, der Körper kann dem Geist sowohl Heiler als auch Stressor sein und umgekehrt.

Wenn ein physisches Stresssymptom entsteht, dann reagiert das mentale System mit einem gleichwertigen, wenn auch nicht mit dem gleichen Symptom. So verhält es sich auch im umgekehrten Fall. Nun wollen wir uns damit beschäftigen, was geschieht, wenn der Geist sich einem Stressor widersetzt. Denken Sie daran, die nachfolgend beschriebenen Reaktionen sind allen Menschen überall auf der Welt bis zu einem gewissen Grad gemeinsam. Der Unterschied besteht lediglich darin, dass nicht immer alle Symptome bei jedermann auftreten.

Vergesslichkeit
Im Stresszustand kann es geschehen, dass Dinge vergessen werden. Ich betrachte Erinnerungen als Energiemuster, die den Daten in einem Computer ähneln. Der Körper speichert Erinnerungen in den Zellen, die stimuliert wurden, als das Ereignis stattfand. Wenn die Anspannung im Körper groß genug ist, um die Bewegung dieser Zellen zu verhindern, dann werden die von ihnen gespeicherten Erinnerungen wenigstens vorübergehend unzugänglich. Ich habe für das Schreiben dieses Buches einen Abgabetermin erhalten, der mir ein gewisses Maß an Stress verursacht. Vor etwa einer Stunde suchte ich in meinem Gedächtnis nach einem bestimmten Wort, das ich in meinem Text verwenden wollte, aber es fiel mir einfach nicht ein, obwohl ich mir sicher war, dass ich es kannte. Gerade eben, als ich an etwas völlig anderes dachte, kam meine Frau herein und wollte wissen, ob ich mich schon an das Wort erinnert hatte, und genau in diesem Moment fiel es mir wieder ein, weil es mir inzwischen gelungen war, den Teil meines Körpers, in dem das Wort gespeichert war, zu entspannen. Je mehr physischem Stress jemand ausgesetzt ist, desto schwieriger wird der Zugang zum Gedächtnis. Extremer Stress führt zu extremem Erinnerungsverlust. Außerdem ist der Geist fähig, das zu vergessen, was er nicht erinnern will, und wenn der Geist wütenden oder angsterfüllten Gedanken nachgeht, dann kann die resultierende Körperanspannung ebenfalls das Abrufen von Erinnerungen verhindern.

Nur wenige Menschen bedenken, dass all unser Wissen, unsere Gewohnheiten und Kenntnisse ebenfalls auf Erinnerung basieren. Falls Ihr Körper also gerade eine ausreichend starke Anspannung erfährt, dann ist Ihnen möglicherweise ausgerechnet in dieser Situation der Zugang zur Erinnerung an die Bewältigungs- oder Heilungsstrategien verstellt, die Ihnen jetzt helfen würden. In einer solchen Situation ist es ratsam, seinen Stolz herunterzuschlucken und Hilfe von außen zu suchen.

Verwirrung

Verwirrung und Vergesslichkeit liegen eng beieinander, da beides mit dem Zugriff auf das Gedächtnis zu tun hat, doch werden beide unterschiedlich erfahren. Wer sich in einem Zustand der Verwirrung befindet, für den ergibt entweder das gegenwärtige Geschehen keinen Sinn oder die Person ist unfähig, logische Verbindungen herzustellen oder klare Entscheidungen zu treffen. Der entscheidende Faktor ist auch hier, dass die Erinnerungen, die Dinge zueinander in Beziehung setzen, zu fehlen scheinen. Unter normalen Umständen erinnert man sich, wenn man einen Stuhl im Flur stehen sieht, dass man ihn entweder selbst dorthin gestellt hat, oder man zieht den Schluss, dass jemand anderer ihn aus bestimmten Gründen dort platziert hat. In einem Zustand der Verwirrung findet man vielleicht gar keine nachvollziehbare Begründung für den Standort des Stuhles oder man kann zu keiner Entscheidung kommen, wie man mit der Situation umgehen soll oder, im schlimmsten Fall, man ist unfähig zu begreifen, um welche Art Gegenstand es sich handelt und welchem Zweck er dient. Die üblichen assoziativen Verbindungen stehen nicht zur Verfügung, weil Anspannungen den Zugang zum Gedächtnis verstellen.

Langeweile

Wenn Sie sich von Ihrer Arbeit, vom Spiel, der Umwelt oder Ihrem Leben an sich gelangweilt fühlen, dann ist das ein klarer Hinweis auf mentalen Stress und bedeutet, dass Sie gegen etwas Widerstand leisten, was entweder Ihr dynamisches mentales System bedroht oder ihm nicht genug Anregung bietet.

Vor nicht allzu langer Zeit wurde der Langeweile ein neuer, medizinisch relevanterer Name gegeben: Aufmerksamkeitsdefizit-Syndrom. Dieser Umstand gibt dem Zustand eine neue Wertigkeit und macht ihn natürlich auch medikamentös behandelbar. Zwar trifft es zu, dass manche Menschen mit diesem Problem tatsächlich ärztliche Hilfe benötigen, zutreffend ist jedoch auch, dass dieses Syndrom oft als Ausrede benutzt wird, um Langeweile bei der Arbeit, in der Schule und anderenorts zu entschuldigen. Als ich in der dritten Klasse war, geriet ich ständig in Schwierigkeiten, weil der Lehrer mich immer wieder dabei erwischte, wie ich Männchen malte statt meine Lektion zu lesen. Tatsache war jedoch, dass ich seit meinem dritten Lebensjahr lesen konnte und dass ich den Text fünfmal gelesen hatte, während meine Klassenkameraden immer noch beim ersten Durchgang waren. Der Lehrer glaubte mir jedoch nicht, und so wurde ich bestraft, was meine Liebe zur Schule nicht eben förderte.

Nichtsdestoweniger ist Langeweile eine Stressreaktion, die sich, wenn sie nicht ernst genommen wird, zu gravierenderen Funktionsstörungen wie Apathie und Verschlossenheit auswachsen kann.

Divergenz
Als mentaler Zustand ist Divergenz das aktive Gegenteil der Konzentration. Aufmersamkeits-/Hyperaktivitätsstörung (ADHS) ist der populäre moderne Ausdruck dafür. Der Begriff bezeichnet eine Person, die ihre Aufmerksamkeit nur kurze Zeit auf ein Thema oder eine Aufgabe lenken kann. Divergenz ist ein Fluchttyp der Stressreaktion. Erreicht der Stress ein höheres Niveau, dann führt der Versuch, dieses Muster mit Gewalt zu verändern, interessanterweise zu einer Kampfreaktion, als habe sich die Divergenz innerhalb des größeren mentalen Systems in ein eigens Bewältigungssystem verwandelt und wehre sich nun gegen die Bedrohung ihrer Integrität. Das ist eine der Erklärungen für die Aggressivität, die manche hyperaktive Kinder an den Tag legen, wenn man versucht, sie zu beruhigen.

Kritiksucht
Die meisten Menschen bezeichnen sie vereinfacht als »negatives Denken«. Davon einmal abgesehen, ist die Kritik eine sehr ineffektive Methode, um Dinge zu verbessern. Eltern kritisieren Kinder und Lehrer kritisieren Schüler auf der Basis der tragischerweise verfehlten und vollkommen unbewiesenen Theorie, dass Kritik Kinder glücklicher und Schüler besser macht. Kritiksucht gehört zu den Kampfty-

pen der Stressreaktion. Indem sich der Kritiksüchtige weigert, in irgendetwas oder irgendjemandem etwas Gutes zu sehen, sondern vielmehr aktiv nach dem Schlechten an einer Sache sucht und sich darüber verbreitet, treibt er die Kritik auf eine ungesunde Spitze.

Ablenkung
Der menschliche Geist ist unglaublich kreativ, selbst in den Mitteln, die er sich für den Umgang mit Stress ausdenkt. Ablenkung ist ein Fluchttyp der Stressreaktion, mit dessen Hilfe wir versuchen, unsere große Angst vor etwas Unbestimmtem hinter einer Sache zu verbergen, von der wir behaupten, dass sie furchtbar wichtig und schwer zu handhaben ist. Auf diese Weise können wir uns darum drücken, über das nachzudenken, was wir eigentlich fürchten. Diese Art Reaktion nimmt am häufigsten die Form von Zwangsvorstellungen, Zwangshandlungen, Depression und Phobien an. Manchmal kommt es vor, dass die eigentliche Angst verschwindet, das Ablenkungsmanöver jedoch bestehen bleibt.

Zwangsvorstellungen oder Obsessionen sind Themen, Personen oder Handlungen, von denen der Betroffene so stark in Besitz genommen wird, dass er andere wichtige Bereiche des Lebens vernachlässigt oder sich in soziale beziehungsweise juristische Schwierigkeiten bringt. *Zwangshandlungen* sind bestimmte Verhaltensweisen wie etwa Händewaschen oder die Vermeidung, auf Ritzen zu treten, die den Betroffenen so stark beschäftigen, dass er nicht dazu kommt, über seine eigentliche Angst nachzudenken. *Depression* in unserem Zusammenhang kann Ausdruck einer hilflosen Wut gegenüber einer wie auch immer gearteten Angst erregenden Situation sein. *Phobien* sind Ängste, die in der Vermeidung bestimmter Personen oder Dinge zum Ausdruck kommen, die an sich keinerlei Bedrohung darstellen und dem Betroffenen als Ablenkung von der eigentlichen Angst dienen. Selbstverständlich kann man eine Phobie vor etwas potentiell Gefährlichem entwickeln, doch die hier gemeinten Phobien sind generell der übersteigerte Ausdruck einer normalen Angstreaktion.

Verschiebung
Wenn ein Mensch stark unter Stress steht und nicht dazu in der Lage ist, beispielsweise seine Wut gegenüber dem eigentlichen Objekt zum Ausdruck zu bringen, dann kann es zu der verzerrten mentalen Kampfreaktion namens Verschiebung kommen. Die Wut in unserem Beispiel, ob sie sich als Ärger darstellt oder als alles verzehrenden Zorn, kann auf ein Ersatzobjekt verlagert werden, das entweder eine weniger gefährliche Projektionsfläche darstellt oder einfach zufällig gerade zur Verfügung steht. Ein typisches Beispiel, das häufig zur Veranschaulichung herangezogen wird, ist das des Mannes, der wütend auf seinen Chef ist, nach Hause kommt und den Hund tritt (oder seine Frau oder die Kinder schlägt). Insbesondere Jähzornanfälle werden ausgelöst durch eine Kombination aus einem hohen physischen Stressniveau und den Regeln, die die Gesellschaft für das Verhalten gegenüber anderen Menschen aufgestellt hat. Im Brechen dieser Verhaltensregeln kann der Betroffene mehr und leichter Wut abbauen, als gegenüber der eigentlichen Ursache seiner Hilflosigkeit.

Stressschichten

Erstmals habe ich dieses Konzept kurz in meinem Buch *Der Stadt-Schamane* erwähnt, wo ich allerdings den Begriff »Spannungsschicht« eingeführt habe. Die Idee ist Bestandteil einer Arbeitstheorie, der gemäß sich physische Spannung in Schichten ansammelt. Als »Arbeitstheorie« bezeichne ich sie deshalb, weil sie zwar nützlich ist, aber nicht unbedingt mit akzeptierten Tatsachen übereinstimmt. Soweit ich weiß, lassen sich vom physiologischen Standpunkt Stressschichten ebenso wenig nachweisen wie chinesische Akupunkturmeridiane, doch ist in beiden Fällen die Annahme ihrer Existenz sinnvoll für den Heilungsprozess.

In tausenden von Fällen, bei denen ich überall auf der Welt Menschen geholfen habe, sich selbst zu heilen, ist mir aufgefallen, dass die Heilung eines Symptoms, mit welchen Mitteln auch immer, entweder die Intensität des Symptoms reduziert, es vollständig auflöst oder den Ersatz des ursprünglichen Symptoms durch ein anderes entweder an der gleichen Stelle oder anderswo im Körper bewirkt.

Viele Menschen, die regelmäßig Schmerzen bekämpfen, kennen ein Phänomen, das sie für gewöhnlich als »den Schmerz jagen« bezeichnen. Damit bringen sie zum Ausdruck, dass der Schmerz, sobald sie ihn erfolgreich an einer Stelle bekämpft haben, auf mysteriöse Weise an einer anderen wieder auftaucht. Dies legt die Vermutung nahe, dass Schmerz eine für sich allein stehende Einheit mit einem eigenen Willen ist, die gejagt werden muss, damit man sie eliminieren kann. Und wenn der Schmerz schließlich aufgelöst ist und ein paar Tage später neuerlich erscheint, dann heißt es, »der Schmerz ist zurückgekehrt«, als habe er sich eine Weile auf Urlaub befunden oder um die Ecke gewartet, um sich bei der ersten besten Gelegenheit wieder bemerkbar zu machen.

Ich finde, dass diese Theorie mehr Stress erzeugt als auflöst, denn sie sorgt dafür, dass diejenigen, die unter Schmerzen und vor allem unter wiederkehrenden Schmerzen leiden, sich unnötig ängstlich und hilflos fühlen.

Vom physiologischen Standpunkt betrachtet ist Schmerz eine Auswirkung und nicht ein Ding, so wie auch eine Meereswelle eine Auswirkung des Windes ist und keine Sache, die man aufsammeln und mit nach Hause nehmen kann. Theoretisch ist Schmerz eine Auswirkung von Stress, und so, wie die Welle verschwindet, sobald der Wind nachlässt, so löst sich auch der Schmerz auf, nachdem der Stress behoben ist.

In meiner Theorie von den Stressschichten sammelt sich Spannung im Körper von innen nach außen an, wobei sich die oberste Schicht auf oder knapp unter der Hautoberfläche befindet. Je mehr Spannung in einer bestimmten Schicht existiert, desto stärker konzentriert sich diese Spannung in einem bestimmten Bereich und ruft dort folgerichtig lokale Symptome hervor. Folglich bewirkt die Auflösung der Spannung in einer der oberen Schichten die Auflösung aller mit ihr zusammenhängenden Symptome vollständig und bleibend. Die nächste Schicht darunter hat ihre Spannung möglicherweise im gleichen Bereich in der gleichen Form konzentriert, im gleichen Bereich mit einer anderen Form, in einem anderen Bereich mit der gleichen Form oder in einem anderen Bereich mit einer anderen Form. Die folgende Illustration verdeutlicht, was ich meine.

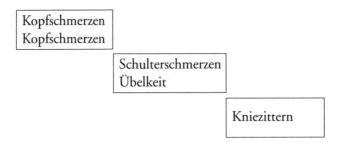

Als der Patient von den Kopfschmerzen befreit war, traten die Schulterschmerzen in Erscheinung; als diese aufgelöst waren, trat die Übelkeit zu Tage; als sie verschwand, stellte sich das Kniezittern ein. Die Symptome verhalten sich so, als befänden sie sich auf verschiedenen Schichten (oder jedenfalls interpretiere ich das Phänomen so). Wenn jemand die Dynamind-Technik mit dieser Theorie im Hinterkopf anwendet, dann kann er ruhig ein Symptom nach dem anderen auflösen, bis sich im ganzen Körper ein gutes Gefühl ausbreitet. Und das Beste an der Sache ist, dass die Symptome abnehmen oder verschwinden, weil die Spannung im Körper, die den gesamten Körper betrifft und nicht nur den Bereich des Symptoms, aufgelöst wurde.

Bestandteil der Theorie von den Stressschichten ist auch die Tatsache, dass alte Symptome niemals wieder zurückkehren. Vielmehr verhält es sich so, dass neuer Stress neue Symptome auf anderen Spannungsschichten hervorruft. Eine der positiven Nebenwirkungen der Theorie ist, dass der Mensch lernt, wie man physisches, emotionales oder mentales Verhalten verändern kann, um zu verhindern, dass alte Symptomformen aus den alten Gründen neu gebildet werden.

Ist jedoch ein bestimmter Bereich des Körpers besonders stark traumatisiert worden, dann scheint es dem Körper leichter zu fallen, neue Symptome in diesem Bereich hervorzubringen, vermutlich weil er zum Zeitpunkt des Traumas gründlich gelernt hat, wie er das bewerkstelligen kann. Solche Körperbereiche reagieren empfindlicher auf Stress. Als ich drei oder vier Jahre alt war, fiel ich nachts auf der Autobahn aus einem fahrenden Wagen. Ich kann mich noch daran erinnern, wie ich auf dem Boden saß und zusah, wie all die Autos und Lastwagen an mir vorbeischossen. Ich erinnere mich jedoch nicht daran, dass mein linkes Schlüsselbein gebrochen war. Doch seit jenem Zeitpunkt verkrampft sich immer, wenn ich aus irgendeinem Grund in Stress gerate, meine linke Schulter. Und wenn das geschieht, dann löse ich die Spannung einfach auf.

Stresskanäle

Was ich als »Stresskanal« bezeichne, ist das in Ihrem Leben, was Sie am leichtesten in Stress versetzen kann. Typische Stresskanalkategorien sind Menschen, Orte, Dinge, Aktivitäten und Ideen.

Menschen
Eine Frau namens Alice Steadman schrieb einmal ein Buch mit dem großartigen Titel *Wer ist los mit mir*, um die Verbindung zwischen unsren Reaktionen auf Menschen und dem Zustand unserer Gesundheit zu hervorzuheben. Für gewöhnlich sind die Menschen, von denen Sie sich am ehesten in Stress versetzen lassen, Ihre Familie, Freunde, Kollegen und die Bürokraten, mit denen Sie es in Ihrem Alltag zu tun bekommen. Doch es gibt auch Menschen die bei jedem in Stress verfallen, der anders ist als sie selbst. Ich hoffe, Sie haben meine Formulierung bemerkt. Die Mehrheit der Menschen nimmt automatisch an, dass es die anderen sind, die den Stress verursachen. Meine Theorie besagt hingegen, *dass Sie durch Ihre Reaktion auf die anderen Ihren Stress selbst hervorrufen.* Es könnte eine hilfreiche Übung sein, der Reihe nach alle wichtigen Menschen in Ihrem Leben durchzugehen und zu überprüfen, wie und wo Ihr Körper reagiert, wenn Sie an sie denken.

Orte
Manche Menschen verfallen in Stress im Hinblick auf ihr Zuhause, ihre direkte Umgebung, ihren Wohnort, Arbeitsplatz, Überlandleitungen, nahe gelegene Fabriken oder irgendeinen anderen Ort, der bei ihnen Assoziationen und Reaktionen auslöst.

Dinge
Andere geraten in Stress beim Anblick von Dingen, die sie nicht mögen, wie bestimmte Möbelstücke, Gemälde, Abfall oder Gerümpel, egal ob die Gegenstände ihnen oder jemandem anderen gehören. Eine Möglichkeit, den Stress aufzulösen, besteht darin, die betreffenden Dinge fortzuräumen, eine andere Möglichkeit ist, Ihre Reaktion auf diese Dinge zu ändern.

Aktivitäten
Arbeit ist für die meisten Menschen einer der Hauptstresskanäle – und dabei spielt es keine Rolle, wie viel sie für ihr Tun bezahlt bekommen. Selbst Sport kann Stress auslösen, vor allem wenn er wettbewerbsorientiert ist. Das Wiedererleben solcher Stressreaktionen kann sich spürbar auf die Gesundheit auswirken.

Meinungen
Es ist erstaunlich, wie gestresst manche Menschen sind im Hinblick auf etwas Nichtdingliches wie Meinungen, insbesondere wenn sie etwas mit Religion, Politik, Philosophie, Erziehung, Wissenschaft oder Gesundheit zu tun haben. Es ist eine Sache, eine Meinung zu besprechen, eine andere, sie lebhaft zu diskutieren, aber eine vollkommen andere, darüber im Gesicht rot anzulaufen und fast einen Herzschlag zu bekommen, nur weil man mit Meinungen konfrontiert wird, die einem nicht gefallen. Es ist sinnvoll zu beobachten, wie der Körper auf ungeliebte Meinungen reagiert.

Am wichtigsten ist es, daran zu denken, dass mentale Stressreaktionen physische Stressreaktionen im Körper und mentale Stressreaktionen des Geistes nach sich ziehen. Außerdem stressen physische Stressreaktionen den Geist und mentale Stressreaktionen den Körper.

Wenn es Ihnen gelingt, die Reaktionsmuster Ihres Geistes und Ihres Körpers zugleich zu verändern, dann erreichen Sie einen bemerkenswerten Grad der Heilung. Im nächsten Kapitel wollen wir die Dynamind-Technik näher betrachten, um festzustellen, wie sie Ihnen dabei helfen kann.

Überlegungen zur Dynamind-Technik

Selbst wenn die Dynamind-Technik ihre Wirksamkeit unter Beweis gestellt hat, werden manche Leute sie dennoch ablehnen, weil sie andere Theorien über den Heilungsprozess im Kopf haben. Jeder hat natürlich das Recht, seinen eigenen Theorien den Vorzug zu geben, aber ich möchte dennoch ein paar Bemerkungen zu den am häufigsten verbreiteten Einwänden gegen die Dynamind-Technik machen.

Die Theorie von der Notwendigkeit von Schwierigkeiten

Am häufigsten kommt diese Theorie in dem Ausruf, »So einfach kann das doch gar nicht sein!« zum Ausdruck. Sie besitzt eine große Zahl von Anhängern, die alle überzeugt sind, dass Heilen unglaublich viel Zeit und Mühe verlangt und außerdem ein gewisses Maß an Leiden voraussetzt. Die Geschwindigkeit und Einfachheit der Dynamind-Technik macht sie für diese Menschen unglaubwürdig. Manche weigern sich, sie auch nur auszuprobieren; andere probieren sie aus, torpedieren jedoch den Prozess mit ihrer Skepsis; wieder andere lassen es auf einen Versuch ankommen, erhalten großartige Resultate, fühlen sich damit jedoch so unwohl oder fürchten, etwas falsch gemacht zu haben, weil ihre Heilung so rasch und leicht vorankam, dass sie viel Zeit damit zubringen, sich erneut zu stressen, um ihre Symptome zurückzubekommen.

Teilweise ist das Problem darauf zurückzuführen, dass sie die Erfahrung nicht einordnen können, da die meisten traditionellen und konventionellen Ansätze mehr Zeit, Anstrengung und persönliche Opferbereitschaft in Form von zusätzlichem Schmerz und viel Geld verlangen. Spontane Heilungsprozesse, die auf religiösem Glauben beruhen, sind als einzige halbwegs vergleichbar, doch bedarf die Dynamind-Technik keines Glaubens. Solange Sie nicht von unerbittlicher Skepsis sind, kann Dynamind Ihnen dennoch meistens helfen, selbst wenn Sie kein Resultat erwarten.

Die Theorie von der Erforderlichkeit von Schwierigkeiten wird außerdem von solchen Menschen übernommen, die nicht wollen, dass Heilung leicht erfolgt. Ein Teil dieser Leute glaubt, bewusst oder unbewusst, dass Leiden eine Art spirituelle Bestrafung ist und dass sie bessere Menschen sind, wenn eine Heilung Anstrengung und Opferbereitschaft bedurfte. Ein weiterer Teil, zum Beispiel Heilpraktiker und Mediziner, betrachten eine rasche Heilung leider vor allem als Einkommensverlust. In gewisser Weise habe ich dafür sogar Verständnis, denn wenn jeder Bürger eines Landes jeden Tag Dynamind oder eine andere Schnellheilungstechnik als Erstbehandlung bei auftretenden Gesundheitsproblemen anwenden würde, dann würden Krankenhäuser und Arztpraxen einen extremen Patientenrückgang verzeichnen und auch die Pharmaindustrie stünde plötzlich nicht mehr so gut da.

Statt jedoch die Ansichten dieser Leute verändern zu wollen, müssen wir ihnen ihr Recht lasen, an das zu glauben, was sie für richtig halten, genauso wie wir uns zugestehen sollten, dem Weg zu folgen, den wir für uns gewählt haben.

Die Theorie von der Ablenkung

Einer der Vorwürfe, die man gegen die Dynamind-Technik erhoben hat, lautet, dass sie ein reines Ablenkungsmanöver ist. Anders ausgedrückt, die positive Wirkung wird darauf zurückgeführt, dass der Prozess den Patienten von seinem Problem ablenkt und dass die Heilung dann von alleine erfolgt.

In diesem Vorwurf steckt ein Quäntchen Wahrheit, und deshalb will ich mich selbst aus einer Antwort zitieren, die ich einem unserer Anwender zu diesem Thema gab:

Im Heilungsverlauf schenkt Ablenkung Geist und Körper eine Ruhepause von ihren Beschwerden. Manchmal verändert sich mentales oder physisches Verhalten spontan während dieser Ruhepause – vergleichbar vielleicht mit dem Kind, das hinfällt, weint und sich dann von einer Süßigkeit ablenken lässt. Gelegentlich kehrt das Problemverhalten sofort nach der Ablenkung zurück, weil eine Veränderung im Inneren ausgeblieben ist, so wie ein Kranker zwar über einen Witz lachen kann, aber deshalb noch nicht gesund wird.

Die Dynamind-Technik richtet alle Aufmerksamkeit sofort auf das Problem, häufig mit starkem Interesse für die Details. Darin ist gewiss keine Ablenkung zu erkennen. Dann wird eine neue Entscheidung über das Problem gefällt, und auch hier fehlt jegliche Ablenkung. Als nächstes kommt eine bestimmte Art des Spannungsabbaus zum Einsatz, in der man zwar eine gewisse Ablenkung sehen kann, doch gleich im Anschluss richtet sich die Aufmerksamkeit auf sehr analytische Weise wieder auf das Problem. In den meisten Fällen bewirkt diese Kombination aus Konzentration auf das Problem, der potentiell ablenkende Prozess des Spannungsabbaus und die neuerliche Konzentration auf das Problem eine Verringerung oder ein vollständiges Verschwinden des Symptoms. Es ist nicht die Ablenkung, die die Veränderung bewirkt. Wäre dies der Fall, dann dürfte das Problem nicht zurückkehren, sobald sich der abgelenkte Patient ihm wieder zuwendet. Die Veränderung im Dynamind-Prozess findet während des Spannungsabbaus statt. Konzentriert sich der Patient innerlich darauf, sein Problem aufrechtzuerhalten, dann kann selbstverständlich keine Veränderung eintreten. Jede Heiltechnik, auch Dynamind, kann nur dann funktionieren, wenn es zu einer Veränderung im mentalen und/oder physischen Verhalten kommt. Dynamind setzt hierzu Entscheidungsfindung, eine gewisse Ablenkung während des Spannungsabbaus und die Analyse der Ergebnisse ein, um dieses Ziel zu erreichen.

Die Theorie vom verborgenen Sinn

Sehr viele Menschen glauben daran, dass alle Symptome physischen und mentalen Leidens nur die oberflächliche Manifestation tiefverborgener Überzeugungen, traumatischer Erinnerungen oder karmischer Impulse sind, die ein Experte aufdecken muss, so wie ein Archäologe nach einer versunkenen Stadt sucht. Solange man die »Ursache« des Symptoms nicht findet, sagen die Befürworter dieser Theorie, ist die Auflösung des Symptoms unrealistisch oder kurzlebig. Nur, wenn man den Sinn des Problems herausfindet oder die »Lektion« lernt, die das Problem einem ins Hausaufgabenbuch geschrieben hat, nur dann kann wahre Heilung geschehen.

Ich auf der anderen Seite betrachte die Symptome als das Problem, und das einzige »Verborgene« ist meiner Meinung nach des Patienten Wissen um die Beziehung zwischen den Symptomen und bestimmtem physischen und/oder mentalem Verhaltensweisen. Wird das Verhalten verändert, dann ist das Problem behoben. Diese Sichtweise ist weder neu, noch habe ich sie erfunden. George Ivanovitch Gurdjieff, ein Philosoph und spiritueller Lehrer zu Beginn des zwanzigsten Jahrhunderts, sagte dazu: »Der einzige Sinn des Leidens besteht darin, zu lernen, wie man nicht leidet.« Ich bin der Auffassung, dass die Suche nach einem verborgenen Sinn in unserem Leiden eine Art Spiel ist, das nichts anderes bewirkt, als die Verzögerung des Heilungsprozesses. Auf der anderen Seite bin ich gerne bereit, die Leute die Spiele spielen zu lassen, für die sie sich entscheiden, solange ich nicht gezwungen bin mitzutun.

Die Theorie von der Beeinflussbarkeit

Sie basiert auf der Annahme, dass Menschen generell hilflose Marionetten sind und Opfer der Launen und des Willens all derer, die irgendwelche Ideen ausgebrütet haben. Gemäß dieser Theorie hätte ich, um mit Dynamind ein Heilungsergebnis zu erzielen, nichts weiter zu tun, als dem Patienten klar zu machen, dass das Konzept funktioniert, und schon würde er alles auf den Kopf stellen, um gesund zu werden.

Ich wünschte, es wäre so. Wenn Suggestion so funktionieren würde, dann wären wir alle gesund, reich, glücklich und erfolgreich und müssten uns um den Frieden in der Welt keine Sorgen machen. Denn falls irgendjemand etwas Schlechtes suggerieren wollte, müsste ja nur ein anderer daherkommen und es mit etwas Gutem überdecken.

Auf der Basis meiner langjährigen Erfahrung als professioneller Hypnosetherapeut kann ich Ihnen versichern, dass die Leute nur solche Suggestionen akzeptieren, die sich mit dem decken, was sie wollen oder für möglich halten. In der Praxis bedeutet dies, dass die Suggestion sowohl wünschenswert als auch logisch sein muss. Und auch dann kann es geschehen, dass sie sie nicht akzeptieren, weil sie möglicherweise im Widerspruch steht zu einem anderen Wunsch oder zu einer anderen Art ihrer Logik. Dynamind ist deshalb so wirkungsvoll, weil es auf einer physisch verstärkten Autosuggestion beruht. Dynamind ist etwas, was Sie für sich selbst tun, selbst wenn ein Außenstehender Sie durch den Prozess geleitet. In den besonderen Fällen, in denen Dynamind von einer Person angewendet wird, um einer anderen zu helfen oder um sie zu beeinflussen, funktioniert die Technik nur, wenn die »Suggestion« von dem Betreffenden angenommen und akzeptiert wird.

Die sieben Prinzipien des Heilens

Die Dynamind-Technik gründet sich auf die Huna Philosophie, eine Denkweise, deren Ursprung in Hawaii liegt. Im Folgenden möchte ich Ihnen sieben Prinzipien des Heilens präsentieren, die aus dieser Philosophie abgeleitet sind.

1. Gesundheit ist unser natürlicher Zustand, und Heilung ist unsere natürliche Neigung. Es bedarf größerer Anstrengung, krank zu sein als gesund zu werden.

2. Die Gesundheit wird beeinflusst durch physischen, emotionalen, mentalen und spirituellen Stress. Wer den Körper verändern will, muss eine Veränderung im Geist bewirken; wer den Geist verändern will, muss eine Veränderung im Körper hervorrufen.
3. Gesundheit wird beeinflusst durch eine positive oder negative Einstellung. Positive Absichten, Zielsetzungen, Pläne, Intentionen und Vorteile verbessern die Heilungsaussichten.
4. Gesundheit und Krankheit entstehen täglich, ja sogar stündlich. Sie kommen nicht aus der Vergangenheit – sie entstehen aus gegenwärtigem Denken über Vergangenes, Gegenwärtiges und Zukünftiges.
5. Heilung wird gesteigert durch Liebe, ob gegeben oder empfangen. Zur Liebe dazuzurechnen ist Toleranz, Vergebung, Anerkennung, Freundschaft, Vergnügen, Freude, Leidenschaft und Glückseligkeit.
6. Heilung wird gesteigert durch Kraft, ob geschenkt oder empfangen. Zur Kraft dazuzurechnen ist Geschicklichkeit, Autorität, Energie, Verantwortung und Zuversicht.
7. Heilung wird gesteigert durch jegliche Verkettung von Worten, Bildern, Gefühlen und Handlung, die sich in Harmonie mit den Vorstellungen und Erwartungen des Patienten befinden.

2
Die Anatomie einer Technik

Die Grundstruktur der Dynamind-Technik besteht aus einer Abfolge von Schritten, die eine sog. Runde ergeben. Diese Schritte sind:

1. Die Geste
2. Die Aussage (die um ein Symbol ergänzt werden kann oder auch nicht)
3. Die Berührung
4. Der Atem

Dieses Kapitel wird sich mit den Vorstellungen beschäftigen, auf denen die Technik aufbaut, und mit den eben erwähnten Schritten.

Die Respekt einflößenden Autorität

Alle physischen, emotionalen, mentalen und situationsbedingten Schwierigkeiten haben zu tun mit übermäßiger Spannung im Körper, die verursacht wurde durch den Widerstand gegen eine Erfahrung. Heilung und Veränderung finden statt, sobald die Spannung reduziert oder behoben wird, denn Körper und Geist machen sich dann sofort daran, die Homöostase wiederherzustellen. Spannung, die unerwünschte Symptome hervorruft, wird für gewöhnlich als »Stress« bezeichnet. Deshalb kann man dem Prozess der Heilung und Herbeiführung einer positiven Veränderung durch die Verminderung von Spannung die Begriffe »Stressabbau« oder »Stressreduktion« zuordnen.

Die nutzbringende Wirkung jeglicher Heilung steht in direkter Verbindung zum Grad des Stressabbaus, den sie bewirkt. Es spielt keine Rolle, ob die Heilmethode traditionell oder konventionell ist, alternativ oder radikal. Ebenso wenig ist von Bedeutung, ob die Art der Intervention physisch, emotional, mental, energetisch, als Umwelteinwirkung oder auf unbekannte Weise erfolgt. Im Hinblick auf die Heilung ist allein wichtig, wie gut die Heilungsmethode Stress reduziert. In dieser Hinsicht können Chirurgie, Medizin und Psychotherapie ebenso berechtigt sein wie Akupunktur, Handauflegen, Rückführungen in vergangene Leben und Gebet. Weltweit werden tausende von Heilmethoden praktiziert. Manche sind komplizierter als andere, manche bewirken Heilung rascher als andere.

Wenn man davon spricht, dass sich der Wirkungsgrad einer Heilmethode egal, welcher Art, nach dem Maß ihres Stressabbaus bemisst, dann darf man nicht vergessen, dass der Stress selbst etwas mit dem physischen Widerstand seitens der Person zu tun hat, die unter Stress steht. Deshalb muss die Stressreduktion in direkter Beziehung stehen zur Verringerung des Widerstands. Der Widerstand des Patienten wird abgebaut, indem man an seinen Respekt vor Autorität appelliert.

Der Begriff »Autorität« in diesem Zusammenhang meint einen gewissen Aspekt der Heilmethode, der beim Patienten die Erwartung eines positiven Interventionsergebnisses weckt. Offenbar sind Menschen bereit, Respekt in eine außerordentlich große Bandbreite von Autorität zu investieren. Dieser Umstand erklärt möglicherweise, warum so viele verschiedenartigen Interventionen in allen nur denkbaren Kulturen eine ähnliche Wirkung zeigen, obwohl sie im Hinblick auf ihre Wirkweise noch dazu auf äußerst vielfältigen Theorien fußen.

Menschen mit gewissen kulturellen Vorlieben verbreiten das Märchen, dass wirksame Heilmethoden, die auf den kulturellen Vorstellungen einer bestimmten Kultur beruhen, in anderen Kulturen ebenso erfolgreich sind. Dies mag bis zu einem gewissen Grad zutreffen, doch wird das Heilverfahren in seiner Ursprungskultur immer dann bessere Ergebnisse erzielen, solange diese ihr weiterhin Autorität verleiht. Akupunktur zum Beispiel funktioniert in China besser als irgendwo sonst. Synthetisch hergestellte Medikamente wirken besser in den Ländern, die sie entwickelt haben. Die Intervention von philippinischen Geistheilern ist am erfolgreichsten auf den Philippinen. Schamanische Rituale erzielen größere Wirkung bei Völkern, deren Kultur ebenfalls schamanisch orientiert ist. Andererseits sind die Behandlungsformen, die allgemein verbreitete Elemente wie etwa operative Eingriffe enthalten, überall und unabhängig von der Kultur gleich wirksam.

Dynamind geht davon aus, dass man sich auf eine Reihe bestimmter Respekt einflößender Aspekte konzentrieren kann, die von den meisten Menschen, unabhängig von ihrer Rassen- und Kulturzugehörigkeit, akzeptiert werden. Diese Maßnahmen sind im Dynamind zu einer Technik kombiniert, die den meisten Menschen in der Regel Heilung zuteil werden lässt. Vier solcher Respekt einflößenden Aspekte, die alle Menschen gemeinsam haben, sind Sinneswahrnehmungen, Wörter, energetische Empfindung und Symbole. Sie bilden das Grundgerüst der Dynamind-Technik.

Erster Schritt: Die Geste

Überall auf der Welt werden für die Kommunikation, den Selbstausdruck und für Rituale sowie als Mittel, um Zugang zu verschiedenen physischen, emotionalen und mentalen Zuständen zu erhalten, Körperhaltungen und Handgesten genutzt. Rituale und der Zugang zu bestimmten Zuständen sind es, die uns hier besonders interessieren.

Alle Rituale haben, unabhängig von all ihren kulturbedingten Eigenschaften, die Tatsache gemeinsam, dass sie immer die Aufmerksamkeit auf das Ritual selbst lenken und sie von allem Übrigen, das nichts mit dem Ritual zu tun hat, abziehen. Wenn Sie vom Ritual des Tanzes mit einem Partner in Anspruch genommen sind, dann konzentriert sich Ihre Aufmerksamkeit natürlicherweise mehr auf die Musik, die Bewegungen und die Interaktion mit Ihrem Partner und weniger auf Ihre Umgebung. Die damit zu erzielende Wirkung ist bei allen Ritualen gleich.

Wenn ich Rituale als Prozess lehre, dann lege ich immer großen Wert darauf, dass die Schüler die erste Regel für das Gelingen eines Rituals verinnerlichen: Ein Ritual muss einen klaren Anfang haben, der die Teilnehmer an das Ritual fesselt. Die dem Prozess geltende Aufmerksamkeit ist es, die über den Erfolg des Rituals entscheidet. Die Missachtung dieser Regel verringert die Wirksamkeit eines jeden Rituals, egal ob es spiritueller oder weltlicher Natur ist. Mit ein wenig Übung kann man sich, wie es einem gefällt und ohne jegliche Vorbereitung in einen meditativen Zustand begeben. Doch selbst ein Meister der Meditation wird, wenn es möglich ist, vorbereitende Maßnahmen ergreifen wie etwa auf bestimmte Weise sitzen, die Hände auf bestimmte Weise halten oder auf bestimmte Weise atmen. Es ist möglich ein weltliches Ritual wie eine Konferenz anzufangen, indem man einfach zu sprechen beginnt. Doch professionelle Konferenzleiter werden immer ein Mittel – sei es ein Hammer, eine Glocke oder auch nur eine lautstarke Ankündigung – finden, um zunächst die Aufmerksamkeit der Teilnehmer zu gewinnen. Koreanische Schamanen wechseln so schnell von einem veränderten Bewusstseinszustand in den anderen, dass einem schwindelig werden kann, doch jedem Zustandswechsel geht ein rasches Umkleiden voraus, das die Konzentration auf den Wechsel erleichtert.

Wer die Aufmerksamkeit seiner Teilnehmer für ein Ritual gewinnen will, der braucht eine gewisse praktische Erfahrung, um einen sinnlichen Eindruck auf sie zu machen. Da man die Dynamind-Technik als Ritual begreifen kann, möchte ich dem Prozess einen entsprechenden Anfang beigeben. Wie bei anderen Ritualen ist auch hier dieser vorbereitende Schritt nicht unabdingbar. Doch kann man mit seiner Hilfe die Wirksamkeit der Technik maßgeblich steigern.

Bei meiner Suche nach Einfachheit und Wirksamkeit habe ich zahlreiche Arten von Einleitungen ausprobiert und verworfen, angefangen bei bestimmten Klängen und Haltungen bis hin zu visuellen und mentalen Bildern. Schließlich entschied ich mich für eine Handhaltung, die nicht weit verbreitet und von kaum einer kulturellen oder religiösen Bedeutung ist. Außerdem unterscheidet sie sich genug von anderen Handhaltungen, um Aufmerksamkeit zu erregen, ist dabei aber nicht so fremd, dass sie Widerstand provoziert, und hat den zusätzlichen Vorteil, einen angenehmen Zustand ruhiger Entspannung herbeizuführen, wenn sie für sich genommen und ohne die eigentliche Technik praktiziert wird.

Diese namenlose Geste verlangt die Zusammenführung der Fingerspitzen beider Hände, wie um mit ihnen eine Kugel zu umschließen. Es ist nicht wichtig, wo vor dem Körper man die Hände in dieser Geste zusammenführt, doch ist es wohl am bequemsten, sie im Stehen vor dem Nabel und im Sitzen im Schoß zu halten. Die Geste hat die Funktion, die Zentrierung am Anfang der Technik, während der Aussage und des Atmens zu unterstützen. Das Auflösen der Geste bedeutet das Ende einer Runde.

Manchmal kann es jedoch sein, dass die Einnahme der eben beschriebenen Position unangebracht ist, etwa während des Autofahrens, wenn man etwas trägt oder von Menschen umgeben ist. Dennoch rate ich auch unter solchen Umständen zu irgendeiner besonderen Geste, die den Beginn des Prozesses einleitet, auch wenn sie nicht absolut unverzichtbar ist. Zwei praktikable Alternativen sind ein kurzes Zusammenpressen von Daumen und Zeigefinger einer Hand oder das kurze Pressen eines Fingers auf eine erreichbare Oberfläche. Es ist immer hilfreich, das Unbewusste darauf vorzubereiten, wenn etwas Besonderes geschehen soll.

Zweiter Schritt: Die Aussage

Worte haben große Macht bei Menschen. Wenn sie von einer Person gesprochen oder geschrieben werden, die bei jenen, die sie hören oder lesen, Autorität hat, dann können sie von großer Wirksamkeit sein.

Als Gregor Lozanov sein Lernsystem namens »Suggestopädie« vorstellte, berichtete er von einem Versuch, in dem er seinen Studenten zwei Gedichte zum Auswendiglernen gegeben hatte, eines von einem bekannten russischen Dichter, das zweite von einem unbekannten Poeten. Den Studenten fiel es leicht, sich das Gedicht des bekannten Russen einzuprägen, hingegen hatten sie mit dem unbekannten Dichter große Mühe. Doch das eigentliche Experiment bestand darin, dass Lozanov die Gedichte vertauscht hatte. Die Studenten kamen gut zurecht mit dem Gedicht, von dem sie *meinten*, es sei dem bekannten Dichter zuzuordnen, und hatten Mühe mit jenem, dessen Urheberschaft sie *meinten*, dem unbekannten Dichter zuschreiben zu müssen. Durch solche und vergleichbare Experimente machte Lozanov deutlich, dass Einprägsamkeit weitgehend korreliert mit der Autorität, die dem Autor zugebilligt wird.

In den Vereinigten Staaten wird berühmten Persönlichkeiten, selbst wenn sie längst in Rente und alt sind, großer Respekt gezollt. Aus diesem Grund werden sie oft von der Werbung angeheuert, um im Fernsehen irgendwelche Produkte anzupreisen – wenn sie sagen, dass ein Produkt gut ist, dann muss es zutreffen.

Obwohl das von Autoritätspersonen geschriebene Wort von immenser Durchschlagskraft sein kann, hat das gesprochene Wort bei den meisten Menschen doch noch mehr Gewicht. Das ist der Grund, warum Politiker Reden halten, statt Broschüren zu verteilen, warum Universitätsdozenten die Studenten in ihren Vorlesungen sehen wollen, auch wenn das von ihnen geschriebene Buch vielleicht viel interessanter ist, und warum die Justiz in den meisten Ländern darauf besteht, dass Zeugen eine mündliche Aussage machen statt nur oder in Ergänzung zu einer schriftlichen. Selbstverständlich spielen auch wirtschaftliche Faktoren eine Rolle, doch die Autorität des gesprochenen Wortes ist in jeder Gesellschaft von größter Wichtigkeit.

Zwar sind wir gerne bereit, dem Wort wichtiger Persönlichkeiten Autorität zuzubilligen, doch ist uns meist nicht bewusst, welch große Bedeutung die Äußerungen, die wir selbst im Alltag tun, für unseren Körper und Geist haben, vor allem, wenn sie Überzeugungen, Gewohnheiten und Erwartungen verstärken. Selbst wenn eine mächtige Autoritätsfigur etwas äußerst Beeindruckendes sagt, dann kann diese

Aussage ihre Wirksamkeit erst vollständig entfalten, wenn der Zuhörer ihr zustimmt, sie ein paar Mal für sich laut oder stumm wiederholt, sie in seiner Erinnerung mehrmals heraufbeschwört und möglichst mit einem Gefühl und/oder einem Verhalten verbindet. Ich würde sogar so weit gehen zu behaupten, dass alle wahre Autorität von Innen kommt, denn letztlich sind wir selbst es, die einer Person oder einer Sache Autorität verleihen, und wir sind es auch, die sie der Person oder Sache später möglicherweise wieder entziehen.

Wortwahl

Bei der Wahl der Worte für die Dynamind-Technik leitete mich der Wunsch, in der kürzestmöglichen Zeit den stärkstmöglichen Eindruck auf das Unbewusste zu machen. Um dies zu bewerkstelligen, musste ich eine Reihe von unterschiedlichen Sprachstilen und Faktoren in Betracht ziehen.

Der affirmative Stil

Bei diesem Stil formuliert der Sprecher eine positive Idee in Form einer Tatsachenaussage wie etwa »Ich bin gesund« oder »Ich bin glücklich«. Wenn die Aussage den Tatsachen entspricht und also etwas verstärkt, von dem die Person weiß, dass es zutrifft, dann kann sie eine unmittelbare positive Wirkung haben. Beteuert die Aussage hingegen etwas, von dem die Person lediglich *hofft*, dass es wahr wäre, wie etwa wenn man sagt »Ich bin gesund«, wenn man krank ist, oder »Ich bin glücklich« wenn man traurig ist, dann reduziert der tatsächliche Zustand die Wirkung der Affirmation in erheblichem Maße.

Umgehen lässt sich diese Einschränkung, indem man die Affirmation oft genug wiederholt und auf diese Weise den Widerstand gegen die Vorstellung verringert und die Akzeptanz vergrößert. In einem meiner Seminare lasse ich die ganze Gruppe eine Minute lang ununterbrochen den Satz, »Mir geht es gut«, wiederholen, und danach fühlen sich die meisten tatsächlich besser als davor. Natürlich ist in diesem Fall die Verstärkung durch die Gruppe ein ebenso wichtiger Grund für die rasche Reaktion wie die Tatsache, dass sich zu Beginn die meisten bereits mehr oder weniger gut fühlen. Wenn jemand, der sich schlecht fühlt, den Prozess für sich allein vollzieht, dann bedarf es, um die volle Wirkung zu erreichen, im Allgemeinen einer größeren Zahl von Wiederholungen, manchmal stunden-, tage- oder sogar wochenlang.

Eine andere Möglichkeit, um etwas zu verstärken, was im Augenblick noch nicht zutrifft, besteht in der Kombination mit Begeisterung. Intensive Gefühle haben große Überzeugungskraft, und das Unbewusste reagiert auf sie sehr stark. Wenn es einem Kranken gelänge, mit ganzer und positiver Überzeugung, »Ich bin gesund!«, zu sagen, dann würde er wahrscheinlich innerhalb kurzer Zeit ein positives Resultat erzielen. Leider sind die wenigsten Menschen dazu fähig, ein so starkes Gefühl nach Belieben zu erzeugen, und selbst wenn sie es wären, gäbe es nur wenige Orte, wo eine solche Fähigkeit sozial akzeptiert oder angemessen ist.

Eine dritte Möglichkeit eröffnet sich, wenn man die Affirmation so formuliert, dass sie in möglichst geringem Widerspruch zum gegenwärtigen Zustand steht. Mancher verlagert mit einem Satz wie »Ich kann gesund sein« oder »Ich werde glücklich sein« die Aussage in die Zukunft, doch mit diesem Ansatz ist fast immer die Notwendigkeit einer großen Zahl von Widerholungen verbunden. Gary Craig, dessen Emotional Freedom Technik mich inspirierte, hatte die großartige Idee, der eigentlichen Affirmation einen Konditionalsatz voranzustellen: »Obwohl ich nicht gesund bin, liebe ich mich bedingungslos.« Dieser Ansatz funktioniert erstaunlich gut, doch gibt es zu viele Zustände und Situationen, in denen diese Formulierung entweder unangemessen oder für die betroffene Person unakzeptabel ist.

Der bittende Stil
Er nimmt die Form an von »Bitte tue dies für mich«. Was auch immer man auf diesem Weg erbittet, man tritt die Kraft, zu heilen oder zu verändern, an eine äußere Instanz ab. Ich habe mich gegen diese Form entschieden, weil sie zu sehr an das erinnert, was man landläufig als Gebet bezeichnet. Außerdem verfolge ich mit meinem Ansatz das Ziel, die innere Autorität zu stärken, nicht sie zu schwächen.

Der kommandierende Stil
Dieser Stil funktioniert möglicherweise bei sehr selbstbewussten Menschen, die es gewohnt sind, dass man ihnen gehorcht, wenn sie Anweisungen erteilen. Wenn also aus irgendeinem Grund Ihr Körper es nicht wagen würde, gesund oder glücklich zu sein, dann würden Sie einfach den Befehl »Werde gesund!« oder »Werde glücklich!« aussprechen. Ausgesprochen mit genügend emotionaler Kraft und Erwartung, wäre Ihnen vermutlich recht bald ein gutes Resultat gewiss. Die Beschränkung liegt darin, dass nicht genug Menschen bestimmt genug sind, um den Ansatz auf breiter Basis nutzbar zu machen.

Eine Variante des kommandierenden Stils ist der gerichtete Stil. Statt im Kommandoton zu fordern, geben Sie lediglich eine Richtung vor, so wie Sie im Restaurant ein Gericht bestellen. Ihre Bestellung, »Senke meinen Blutdruck und entspanne meine Schultern«, würden Sie also im gleichen Ton vorbringen wie »Ich möchte bitte das Tagesgericht und eine Tasse Kaffee«. Das Hauptproblem an diesem Ansatz ist die Notwendigkeit einer ruhigen, selbstbewussten Erwartungshaltung, die sich nicht darum kümmert, wer die Bestellung entgegennimmt – eine Erfordernis, die bei Personen, die unter Schmerzzuständen verschiedenster Art leiden, nur selten anzutreffen ist.

Der Dynamind-Stil
In der Praxis sind all jene Wörter und Sätze, die für Sie funktionieren, immer die besten, die Sie verwenden können. Doch hat mir mein jahrelanges Unterrichten gezeigt, dass es beim Erlernen einer neuen Technik – ob Malen, Kochen oder Heilen – immer gut ist, zunächst mit einem Standardverfahren, -rezept oder -prozess zu beginnen. Sobald man ausreichend Vertrauen im Umgang mit dem Standard entwickelt hat, kann man eigene Varianten entwickeln.

Aus diesem Grund habe ich eine Standardaussage für die Dynamind-Technik entwickelt. Obwohl ich sie in meinen Veröffentlichungen als »Anweisung« oder »Erklärung« bezeichne, ist sie in Wahrheit eine knappe Formulierung, die drei Affirmationen kombiniert: also drei Aussagen, die eine bestehende Tatsache verstärken. Nachfolgend die Grundform der Aussage wie sie überwiegend in der Dynamind-Arbeit zum Einsatz kommt:

- Ich habe ein Problem;
- doch das kann sich ändern;
- ich will, dass das Problem verschwindet.

Lassen Sie uns nun jeden der drei Teile dieser Affirmation untersuchen.

Der erste Teil, »Ich habe ein Problem«, zollt dem existierenden Zustand oder der Situation Anerkennung. Abgesehen davon, dass der Satzteil bestätigt, was ist, setzt mit dem Akt der Anerkennung häufig ein Prozess der Entspannung ein, da die innere Abwehr gegen den Zustand oder die Situation aufgegeben wird.

Der zweite Teil, »… doch das kann sich ändern«, bestätigt die Tatsache, dass alles sich ändern kann, weil alles veränderlich ist. Weil die Aussage darauf verzichtet, einen Termin zu setzen aber dennoch ein Gefühl der Erwartung transportiert, vergrößert sie die bereits vorhandene Entspannung.

Der dritte Teil, »ich will, dass das Problem verschwindet«, greift diese Motivation auf als das, was bei all den Klienten und Schülern, mit denen ich weltweit gearbeitet habe, übereinstimmend an erster Stelle stand. Wenn jemand eine deutlich abweichende Motivation hat, dann kann er diesen Satzabschnitt ändern, doch der hier vorgegebene wird in der Regel bei den meisten Menschen funktionieren.

Diese Grundaussage hat ihre Wirksamkeit in tausenden Fällen in den verschiedensten Ländern bewiesen. Im weiteren Verlauf des Buches werden Sie auf zahlreiche Beispiele stoßen, in denen um eines bestimmten Zweckes willen einzelne Wörter wirkungsvoll gegen andere ausgetauscht wurden. Doch unterschätzen Sie die Kraft der Grundform nicht. Sie ist einfach genug, um sie sich leicht einzuprägen. Das macht es Ihnen leichter, einzelne Wörter Ihrer Wahl einzufügen, wenn Ihnen dies erforderlich erscheint, und zu wissen, was Sie sagen müssen, wenn Ihnen nichts anderes einfällt. Nur nebenbei: Ich habe einmal einen Zwei-Tage-Workshop abgehalten, der sich mit physischen, emotionalen und mentalen Problemen befasste, und hierzu bei jeder einzelnen Demonstration nichts als die Grundform verwandt – erfolgreich.

Variationen der Aussage

Gefühlsaussagen
Ich habe bereits erwähnt, dass die Worte der Aussage verändert werden können, um sie den Bedürfnissen des Patienten oder den Umständen anzupassen. Eine Gruppe von Sätzen, die ich als »Gefühlsaussagen« bezeichne, ist eine der besten Veränderungen, die Sie vornehmen können. Die Wirksamkeit der Dynamind-Technik kann spürbar gesteigert werden, indem man das Problem zu einer bestimmten physischen Empfindung in Beziehung setzt. Gefühlsaussagen erfüllen diese Aufgabe ausgezeichnet. Hier einige Beispiele:

»Ich empfinde Schmerz im dritten Gelenk meines kleinen Fingers ...«
»Ich spüre Angst in meiner Brust ...«
»Ich fühle Wut in meinem Bauch ...«
»Ich spüre den Drang, etwas zu Essen, wenn ich fernsehe ...«

Wenn man eine Gefühlsaussage einsetzt, dann ist die Motivation »Ich möchte, dass dieses Gefühl verschwindet«.

Denkaussagen
Sie sind besonders nützlich, wenn es um Angelegenheiten der Vergangenheit, der Zukunft oder der erweiterten Gegenwart geht. Das Festhalten an Problemen der Vergangenheit, ihre Vorwegnahme in der Zukunft oder das Grübeln über Irrelevantes erzeugt immer Spannung im gegenwärtigen Augenblick. Sobald die Spannung abgebaut ist, verschwindet das Problem entweder oder die von ihm provozierte Reaktion verändert sich so sehr, dass es leichter aufgelöst werden kann. Nachfolgend einige Beispiele für diese Art Aussagen:

»Wenn ich daran denke, was passiert ist, dann fühle ich mich ...«
»Wenn ich mir nur vorstelle, in einem Flugzeug zu fliegen, dann fühle ich mich ...«
»Wenn ich an all die Arbeit denke, die sich auf meinem Schreibtisch auftürmt, dann fühle ich mich ...«

Erweiterungen der Aussage
Ich möchte noch einmal betonen, die besten Worte sind diejenigen, die wirken. Wenn Sie sich über die Wortwahl noch immer nicht im Klaren sind, dann können einfache Erweiterungen am Anfang oder Ende der Grundaussage Ihnen weiterhelfen. Beispiel:

»Ich habe ein Problem mit meinem rechten Knie ...
Ich möchte, dass dieses Problem verschwindet und durch ein gutes Gefühl und Beweglichkeit ersetzt wird.«

Kraftaussagen
Sie ähneln Affirmationen, die zur Verstärkung oder Ausbildung positiven Verhaltens gedacht sind, weniger zur Lösung eines Problems. Die Kombination von Aussage, Berührung und Atem dient hier der Bekräftigung der ausgedrückten Vorstellung. Kraftaussagen sind dann besonders wirkungsvoll, wenn sie zum Einsatz kommen, nachdem mit Dynamind verwandte physische, mentale oder emotionale Angelegenheiten aufgearbeitet wurden. Der unbewusste Geist erinnert sich bereitwilliger an Kraftaussagen, wenn mit ihr in Beziehung stehende Spannung gering ist oder vollständig fehlt. Beispiele:

»Ich habe die Kraft, vor anderen Menschen zu sprechen, ohne dabei nervös zu werden, ja, so ist es. Lass es geschehen, mach es wahr!«

»Mein Körper weiß, wie er mein überschüssiges Fett loswerden kann, ja, so ist es. Und mein Körper fängt jetzt damit an!«

Der Dynamind-Toner
Diese Form ist eine unspezifische Variante, die für allgemeinen Stressabbau und die Verstärkung positiver Qualitäten gedacht ist. Sie verwendet emotionale und mentale Annahmen und lässt ihnen eine verallgemeinernde Kraftaussage folgen. Für jeden Schritt des Toners müssen die Einzelschritte einer Runde, also Geste, Aussage, Berührung und Atem, wiederholt werden. Hier eine mögliche Version:

1. »Mein Körper und mein Geist mögen von Ängsten, Sorgen und Zweifeln erfüllt sein, doch das kann sich ändern. Ich will, dass all diese Probleme verschwinden.«
2. »Mein Körper und mein Geist mögen von Wut, Ressentiments, Unzufriedenheit oder Schuldgefühlen erfüllt sein, doch das kann sich ändern. Ich will, dass all diese Probleme verschwinden.«
3. »Irgendwo in meinem Körper und in meinem Geist gibt es Liebe und Frieden, Harmonie und Zufriedenheit, und das ist gut. Ich will, dass diese Gefühle wachsen und sich ausbreiten.«
4. »Irgendwo in meinem Körper und in meinem Geist gibt es Kraft und Stärke, Gesundheit und Vitalität, und das ist gut so. Ich will, dass diese Qualitäten wachsen und sich ausbreiten.«

Verändern Sie die Formulierungen frei nach Ihren eigenen Bedürfnissen. Der Dynamind-Toner eignet sich ausgezeichnet, um einen Tag zu beginnen oder abzuschließen.

Die Erweiterung der Aussage durch Symbole

Einer der faszinierendsten Bereiche – sei es im Rahmen der Forschung oder im praktischen Zusammenhang mit Gesundheit und Heilung – ist die Verwendung von Symbolen als Kommunikationsweg mit dem Unbewussten, dem Körper oder dem zentralen Nervensystem (wählen Sie den Begriff aus, der Ihnen am besten passt). Hier geht es mir jedoch nicht um äußere Symbole wie die Yantras der Hindus oder das hawaiische Auge von Kanaloa. Noch interessanter sind meiner Meinung die selbst geschaffenen inneren Symbole, die sich so tief greifend auf Körper, Geist und vielleicht sogar die Umstände auswirken.

In ihrem Buch *Die Heilende Kraft der Imagination* schreibt Dr. Jeanne Achterberg:

Zwischen Gehirn, Verhalten, psychologischen Faktoren und dem Immunsystem existiert eine bedeutende Verbindung, auch wenn das Wesen dieser Verbindung erst noch erforscht werden muss. Immerhin wurde unter kontrollierten wissenschaftlichen Versuchsbedingungen bereits nachgewiesen, dass die neuen behavioristischen, die Vorstellungskraft einbeziehenden Therapien wie geleitete Fantasien, Hypnose und Biofeedback – alle unübersehbar vom Schamanismus gefärbt – Einfluss auf das Immunsystem nehmen.

Anders ausgedrückt, wir können bildhafte Symbole einsetzen, um dem Körper die Selbstheilung zu erleichtern, aber wir wissen noch nicht, wie das funktioniert. Für diejenigen, die einen dicken Trennungsstrich zwischen Körper und Geist ziehen, ist dieser Wissensstand äußerst beunruhigend, doch für die mehr an Ergebnissen interessierten ist er äußerst nützlich.

Als mein Vater mich zum Schamanen ausbildete, begann er mit Symbolarbeit. Seit mehr als fünfzig Jahren setze ich nun innere Symbole zur Heilung ein und bin damit sehr erfolgreich gewesen. Es war also nahe liegend, Symbole zu einem Bestandteil der Dynamind-Technik zu machen.

Meine erste Dynamind-Variante setzte ein Symbol gleich am Anfang ein. Zu jenem Zeitpunkt begann jede Runde mit der Vorstellung eines erfrischenden Wasserfalls und wurde gut aufgenommen. Außerdem nutzte ich Symbole zusätzlich zur oder statt der Aussage des dritten Schritts. Doch als ich dann mit dem Prozess experimentierte, um die Technik auf ihr wirkungsvollstes Minimum zu reduzieren, stellte ich fest, dass das Bild des Wasserfalls am Anfang schön, aber nicht zwingend erforderlich war und dass man *in den allermeisten Fällen* auch auf die Fantasiebilder im Verlauf der Runde verzichten konnte.

In manchen Fällen jedoch sind Fantasiebilder unerlässlich, um die Wirksamkeit der Technik zu sichern. Doch den meisten Menschen fällt es schwer, sich angemessene eigene Fantasiebilder auszudenken, und dies verträgt sich nicht mit dem Anspruch der Dynamind-Technik, vor allem eine Selbstheilungstechnik zu sein.

In den nachfolgenden Kapiteln werde ich viele Beispiele dafür geben, wie man Fantasiebilder in konkreten Fällen sinnvoll einsetzen kann. Solche Bilder bezeichne ich als »Symbolschlüssel«, weil sie wie ein Schlüssel wirken, mit dem man Spannungen im Körper auflösen kann. An dieser Stelle möchte ich eine einfache Formel vorstellen, die fast jeder nutzen kann, um Heilbilder zu entwickeln. Wird ein Fantasiebild eingebaut, dann ist sein Platz unmittelbar nach der Aussage und vor der Berührung oder aber es kann, wenn gewünscht, in die Aussage integriert werden. Um die Wirksamkeit des Fantasiebildes zu steigern, können Sie es für sich selbst, während Sie es entwickeln und nutzen, mit Worten beschreiben.

1. Fragen Sie sich: »Wenn dieses Symptom eine Form hätte, wie würde es aussehen?« Dann nutzen Sie die erste Form, die Ihnen in den Sinn kommt.
2. Fragen Sie sich: »Wenn dieses Symptom eine Farbe hätte, welche wäre es?« Nehmen Sie die Farbe, die Ihnen als erste in den Sinn kommt.
3. Fragen Sie sich: »Wenn dieses Symptom ein Gewicht hätte, wie schwer wäre es?« Setzen Sie das erste Gewicht ein, das Ihnen in den Sinn kommt.
4. Nun stellen Sie sich vor, dass ein unsichtbarer Freund, Engel oder anderer Helfer in Ihren Körper hineingreift und das Symbol mit seiner spezifischen Form, Farbe und mit seinem Gewicht entfernt. Wiederholen Sie diesen Schritt dreimal so detailliert wie möglich. Dann fahren Sie fort mit den verbleibenden Schritten der Dynamind-Technik.

Dritter Schritt: Die Berührung

Wahrscheinlich sind Ihnen die Organe in Ihrem Körper, wie Leber, Nieren und Magen, vertraut, doch vielleicht ist Ihnen nicht bewusst, dass die Haut, die Ihren gesamten Körper umhüllt, ebenfalls ein Organ ist. Sie sorgt nicht nur dafür, dass Ihre übrigen Organe an ihrem Platz bleiben, sie verschafft außerdem der Umwelt die Gelegenheit, sich Ihnen sinnlich mitzuteilen. Darüber hinaus hält die Haut Schadstoffe von den anderen Organen und Zellen fern, nimmt Nährstoffe für den gesamten Körper auf, ist Vermittler zwischen Innen- und Außenwelt und vieles, vieles mehr.

Es ist eine der interessantesten und nützlichsten Eigenschaften dieses bemerkenswerten Organs, dass Stimulierung mit den unterschiedlichsten Mitteln einen positiven Einfluss auf das Innere des Körpers nehmen kann, manchmal an Stellen, die von der stimulierten Haut weit entfernt sind. Die gleiche Art Stimulierung kann auch günstige emotionale und mentale Veränderungen bewirken.

Die vorhandenen Geschichtsquellen geben uns Aufschluss darüber, dass das Wissen um die Beziehung zwischen Hautstimulation und Heilung bereits seit uralten Zeiten praktisch umgesetzt wird. Massagetherapien verschiedenster Art waren und sind in zahlreichen Kulturen weltweit Bestandteil des Heilrepertoires. So zeigen Reliefs in einem ägyptischen Tempel bereits die Verwendung von Fuß- und Körpermassage.

Heute wissen wir, dass praktisch jede Form von sanfter Hautstimulation eine Endorphinausschüttung bewirkt. Doch die meisten zur Heilung eingesetzten Massagetypen bevorzugen die Stimulation spezieller Punkte auf der Haut, um ganz bestimmte Reaktionen im Körper hervorzurufen.

Das bekannteste und ausgefeilteste System dieser Art kommt aus China. Dort hat man mehr als achthundert verschiedene Körperpunkte benannt, die im Körper auf Meridianen wie auf Schnüren aufgezogen sind, und hat diese Struktur noch mit einer komplexen Philosophie und Theorie untermauert. In der Praxis werden diese Punkte mit zahlreichen verschiedenen Methoden stimuliert; mit Nadeln unterschiedlicher Dicke und mit Materialien, die über dem jeweiligen Punkt gewirbelt oder darin stecken gelassen werden; mit dem Verbrennen von Kräutern über den Punkten auf der Haut oder am oberen Ende der Nadeln; mit lokaler Massage oder Fingerdruck, gelegentlich unter Hinzuziehung von ätherischen Ölen oder medizinischen Salben; mit unter die Haut gespritzten flüssigen Medikamenten; und sogar durch chirurgische Eingriffe, bei denen eine Goldperle an einem Akupunkturpunkt eingesetzt wird, um die Stimulation über längere Zeit aufrechtzuerhalten. Heutzutage kommt noch die Stimulation mittels Vibration, elektrischem Strom, Magnetfeldern und Laserstrahlen hinzu. »Übersinnliche Kräfte«, ob sie nun durch die Hände oder allein durch den Geist projiziert werden, kommen ebenfalls zur Anwendung, doch ist nicht klar, ob es sich hierbei um ein altes oder um ein neues Verfahren handelt.

In anderen Kulturen kamen Kristalle, Salben oder Amulette an den betreffenden Hautpunkten zum Einsatz, doch überwiegend verlässt man sich eher auf die direkte Berührung, entweder mit starkem oder geringem Fingerdruck. China scheint die einzige Kultur zu sein, die ein Meridiansystem entwickelt hat, doch sind sich offenbar alle, die die Haut zu Heilzwecken nutzen, darin einig, dass es bestimmte Punkte gibt, die man stimulieren und über die man im Körper bestimmte Reaktionen auslösen kann.

Erstmals kam ich mit dem Berührungsheilen in Kontakt, als mir meine hawaiische Tante in den späten Fünfzigern ein auf leichten Berührungen basierendes Therapiesystem beibrachte, dass ich »Kahi Loa« genannt und in meinem Buch *Instant Healing Jetzt!* ausführlich beschrieben habe. Als Bestandteil dieses Heilsystems lernte ich vierzehn traditionelle Heilpunkte kennen: den einen auf dem Scheitel des Kopfes, die beiden Schulterendpunkte, die beiden in der Mitte der Handflächen, die Mitte der Brust, den Nabel, das Schambein, den siebten Halswirbel, das Steißbein, die beiden Hüftpunkte und die Mitte der Fußsolen. Im alten Hawaii und zum Teil auch noch heute wurden diese Punkte wie auch schmerzhafte Stellen am Körper mit dem so genannten »Lomi-Stock« stimuliert, einem hakenförmigen Holzstab, oder aber mit den Fingern oder der ganzen Hand. Zusätzlich lernte ich jedoch auch, sie durch leichtes Reiben, Streichen, energetische Konzentration und sogar durch das Verschieben des »Aka-Feldes« oder der Aura zu beeinflussen.

Als ich in den Sechzigerjahren an der University of Colorado Chinesische Kulturwissenschaften studierte, lernte ich die Akupunktur kennen und experimentierte mit mehreren Arten von Akupressur wie Do-In und Jin Shin Do. Während meiner sieben Jahre in Afrika erfuhr ich vieles über die Anwendung von Kristallen und Kräutern auf bestimmte Körperbereiche, und nach meiner Rückkehr in die Vereinigten Staaten 1971 studierte und praktizierte ich die Punktsysteme der Reflextherapie, angewandte Kinesiologie und Self Therap-Ease.

Als die Zeit gekommen war, um die Dynamind-Technik zu entwickeln, wusste ich, dass ich die Berührung zu einem ihrer Bestandteile machen wollte. Eine Zeitlang jedoch litt ich unter einer Art »Überqualifikation«, weil ich mich mit zu vielen Systemen und Theorien beschäftigt hatte. Schließlich legte ich einfach die Kriterien fest, die mir wichtig waren:

1. Nicht mehr als vier Punkte, die man sich leicht würde merken können.
2. Einen Punkt für die Vorderseite des Körpers, je einen für beide Seiten und einen für den Rücken.
3. Jeder Punkt sollte für die meisten Menschen unter normalen Bedingungen leicht zu erreichen sein.
4. Jeder Punkt musste für sich gesehen von spürbarem Nutzen sein.

Als nächstes experimentierte ich mit Punkten, die ich selbst und Experten in dem Bereich gleichermaßen für nützlich hielten. Mit nützlich meine ich zum einen, dass der Punkt Stress offenbart, indem er auf Druck empfindlich reagiert, und zum anderen, dass der Punkt, wenn er gedrückt wird, mit unverwechselbaren physiologischen Veränderungen wie Kribbeln, Fließen, Entspannen und/oder Steigerung des Wohlbefindens reagiert. Schließlich entschied ich mich für die vier nachfolgenden Punkte:

Der Thymus-Punkt

Dieser Punkt in der Mitte der Brust ist kein Akupunkturpunkt, sondern wurde von Dr. John Diamond, einem Arzt, der sich ausführlich mit ganzheitlichen Therapieformen und unter anderem mit angewandter Kinesiologie beschäftigt hat, entdeckt und sehr gewinnbringend genutzt. Als Mittel, um die Energie des Körpers auszugleichen und zu harmonisieren, brachte er seinen Patienten bei, die Region des Thymus mit einem leichten, raschen Fingerklopfen zu stimulieren. Meine eigenen Experimente zeigen, dass diese einfache Technik äußerst wirkungsvoll in der Herstellung körperlicher Entspannung, emotionaler Beruhigung und mentaler Klarheit ist.

Die zwei Hoku-Punkt

An der Stelle, wo in der Hand die Knochen des Zeigefingers auf die des Daumens treffen, kann man eine kleine Vertiefung ertasten, die, wenn man unter Stress steht und sie drückt, recht stark schmerzt. Dieser Akupunkturpunkt heißt auf Chinesisch »Hoku« und ist vor allem im Zusammenhang mit Kopfschmerzen und Schlaflosigkeit bekannt. Doch einige Akupunkteure nutzen ihn auch als Primärpunkt für alle möglichen Arten von Leiden. Im *American Journal of Acupuncture* wird festgestellt, dass man mit dem Hoku-Punkt »starken Einfluss auf das vegetative Nervensystem« nehmen kann, Geraten wird zu einer sanften Stimulierung. Meine Experimente zeigen, dass an diesem Punkt eine ähnliche Wirkung wie am Thymus-Punkt erzielt werden kann.

Siebter-Halswirbel-Punkt

Als vierten Punkt wählte ich den siebten Halswirbel, der in der Fachsprache auch abgekürzt als C7 bezeichnet wird und auf Hawaiisch »Hokua« heißt. Er lässt sich als der erhobene Punkt dort ertasten, wo die Hals- in die Brustwirbelsäule übergeht. Obgleich ich in der modernen medizinischen Literatur keine Hinweise auf die therapeutische Bedeutung dieses Punktes finden konnte, machte mich meine hawaiische Tante wiederholt auf die Bedeutung dieses Punktes aufmerksam. Meine eigenen Beobachtungen haben mir gezeigt, dass er ein Hauptstresspunkt ist, mithin so wie die anderen drei bereits genannten Punkte ein Bereich im Körper, an dem sich Stress besonders ansammelt. Der so genannte »Witwenbuckel«, der sich in diesem Körperbereich entwickeln, wird im Allgemeinen mit Osteoporose in Verbindung gebracht. Doch ist es mir bei mehreren Personen, darunter bei meiner Mutter, durch Stress und Spannung reduzierende Techniken gelungen, dieses Symptom erheblich zu vermindern oder sogar gänzlich aufzulösen. Meine Erfahrungen mit der sanften Stimulation dieses Punktes sind jenen vergleichbar, die ich auch mit dem Hoku-Punkt gemacht habe.

Nachdem ich mich für diese vier Punkte entschieden hatte, musste ich festlegen, wie sie in die Dynamind-Technik einbezogen werden sollten. Hier erwies sich meine Erfahrung mit Kahi Loa als äußerst hilfreich. Die sieben Schritte von Kahi Loa, die als »Kahi Kanaka« bezeichnet werden, verlangen die leichte Berührung der bereits erwähnten Körperpunkte in einer festgelegten Reihenfolge, und zwar vom Scheitelpunkt des Kopfes bis hinab zu den Füßen. Meine Tante betonte, wie wichtig es sei, die Berührung jeden Punktes gerade lange genug aufrechtzuerhalten, bis sie ohne Zweifel spürbar würde, und zugleich so kurz, dass der nächste Punkt die Verbindung mit dem vorangegangenen spüre. Ich brauchte eine Weile, um zu erkennen und am eigenen Körper zu erfahren, dass diese Art zeitlich festgelegter Abfolge dem Körper hilft, sich ganz zu fühlen. Wenn man den Körper nacheinander sanft an verschiedenen Stellen berührt und an jeder drei bis fünf Sekunden verharrt, dann erinnert der Körper die vorangegangenen Berührungen während der nachfolgenden. Der Prozess führt somit zur Schaffung eines Ganzheitlichkeitsgefühls, das die Auflösung von Stress unterstützt und die Entspannung steigert. Die gleiche Wirkung könnte erzielt werden, wenn eine Person Sie am gesamten Körper mit sanfter Zärtlichkeit massiert oder indem mehrere Personen gleichzeitig ihre Hände auf verschiedene Körperstellen legen. Doch eine Technik, die vor allem der Selbsthilfe dienen soll, bedarf eine etwas andere Herangehensweise.

Deshalb legte ich mich für den Berührungsschritt der Dynamind-

Technik auf die dargestellte Berührungsabfolge der gewählten Punkte fest, wobei jede Berührung so lange dauern sollte, wie man braucht, um von eins bis sieben zu zählen: Brust, Hand, Hand, Nacken. Es spielt keine Rolle, welche Hand Sie zuerst berühren und eigentlich ist auch die Abfolge ist nicht wirklich entscheidend, doch für Lernzwecke eignet sie sich ausgezeichnet. Falls der Berührungspunkt im Nacken aus irgendwelchen Gründen nicht erreichbar ist, kann er durch eine zweite Berührung des Thymus-Punktes ersetzt werden. Das Zählen bis sieben hat keine eigene Bedeutung – es erzeugt lediglich einen guten Rhythmus, den man sich leicht einprägen kann, und die meisten Menschen, mit denen ich zusammengearbeitet habe, brauchen dafür etwa drei bis fünf Sekunden.

Berührungsarten

Seit Jahrhunderten haben die Akupunktur und andere Punkttherapien praktisch jede nur denkbare Form der Berührung zur Stimulation der zu behandelnden Punkte eingesetzt. Ich habe mit zahlreichen dieser Formen experimentiert und sie in dem Bemühen, nützliche physische, emotionale oder mentale Veränderungen zu bewirken, alle als mehr oder weniger ähnlich wirksam kennen gelernt. Nachfolgend diejenigen, die im Rahmen der Dynamind-Technik am häufigsten zum Einsatz kommen.

Klopfen

Dieses Verfahren ist bei den moderneren »energetischen« Therapien wie etwa der Callahan-Methode oder Gary Craigs Emotional Freedom Technik sehr beliebt. Für gewöhnlich ist es die erste Berührungsart, die Schüler und Patienten im Zusammenhang mit der Dynamind-Technik erlernen, weil sie den Vorteil hat, physisch und psychologisch Eindruck zu machen. Auch auf der Bühne als Workshop-Demonstration wirkt sie beeindruckend. Manche Anfänger rücken den Punkten geradezu mit der Faust zu Leibe, doch wirkungsvoller ist es, lediglich leicht mit zwei oder drei Fingern zu klopfen.

Drücken
Die Punkte einfach mit mehreren Fingern leicht zu drücken, funktioniert ebenso gut wie das Klopfen. Starker Druck ist nicht erforderlich, doch muss die Berührung fest genug sein, um die Aufmerksamkeit des Patienten auf den berührten Punkt zu lenken. Eine etwas größere Wirkung kann erzielt werden, indem man gleichzeitig drückt und summt. Ein wenig schwieriger und doch zugleich günstiger ist die Ausübung des Drucks mit einem Gegenstand wie dem »Amazing Managizer«, der »Huna Power-Münze« oder einem Kristall.

Vibrieren und Streichen
Eine weitere Abwandlung, die manche Leute bevorzugen, ist ein leichtes Vibrieren mit den Fingerspitzen auf dem Punkt oder ein kreisförmiges Streichen mit den Fingerspitzen.

Mentale Konzentration
Es mag Gelegenheiten geben, bei denen Sie die Dynamind-Technik gerne anwenden würden, doch die Umstände machen Ihnen die Umsetzung Ihres Wunsches schwer oder gänzlich unmöglich wie etwa beim Autofahren, beim Warten in einer Schlange, auf einer Party oder während einer Konferenz. In diesem Fall haben Sie die Möglichkeit, die Punkte mental auf die von Ihnen bevorzugte Weise zu berühren. Damit Sie eine Wirkung erzielen, müssen Sie fähig sein, sich die Berührung so genau und realistisch wie möglich vorzustellen. Daher rate ich Ihnen, diese Methode nur dann anzuwenden, wenn Sie schon eine ganze Weile mit den eigentlichen physischen Berührungsarten experimentiert haben. Auf diese Weise kann Ihre mentale Konzentration auf die Erinnerung an eine tatsächliche Berührung zurückgreifen und die Punkte wirkungsvoll stimulieren.

Vierter Schritt: Der Atem

Nahezu jeder Mensch betrachtet Atmen als etwas Selbstverständliches, bis eines Tages eine Störung auftritt. Der Grund hierfür ist darin zu suchen, dass der Atem vom vegetativen Nervensystem gesteuert wird und folglich automatisiert ist. Etwas in uns kümmert sich um unseren Atem, während unser bewusstes Ich Sport treibt, mit Leuten redet und all den anderen »wichtigen« Dingen des Lebens nachgeht. In dieser Hinsicht sind wir besser dran als die Delphine, die ihren Atem willentlich kontrollieren müssen. Die armen Tiere können nicht einmal eine Nacht durchschlafen, weil ein Teil ihres Gehirns wach bleiben muss, um das Atmen aufrechtzuerhalten.

Atmen ist der wichtigste Beitrag, den wir zu unserem Überleben beisteuern, denn ohne zu atmen würden wir nicht lange durchhalten. Wir halten es wochenlang ohne Nahrung aus, Tage ohne Wasser, doch nur ein paar Minuten ohne Luft. Praktisch jeder weiß, dass wir atmen, um unsere Zellen mit Sauerstoff zu versorgen, damit sie den Treibstoff verbrennen können, den wir zur Energiegewinnung brauchen. Es sind jedoch weit weniger Menschen, denen klar ist, dass der Atem die Hauptpumpe des Lymphsystems darstellt und eines der wichtigsten Mittel zur Ausscheidung von Giftstoffen. Leider bewirkt Stress flaches Atmen und kann daher all die Vorteile des Atmens zunichte machen.

Obwohl bei uns Menschen das Atmen automatisch abläuft, haben wir, wenn wir wollen, die Möglichkeit, freiwillig die Kontrolle über unseren Atem zu übernehmen. Somit können wir uns darin üben, bewusst auf eine bestimmte Weise zu atmen, die unserem Körper, unseren Gefühlen und unserem Geist nutzt, die Luft etwa unter Wasser für längere Zeit anzuhalten, gesundheitsfördernde, tiefere Atemzüge zu machen, den Atem zum Sprechen und Singen zu kontrollieren, ihn zur Beruhigung unserer Gefühle und Gedanken einzusetzen und vieles, vieles mehr. Zum Beispiel habe ich in meiner Bibliothek ein Buch stehen, das Yogi Ramacharaka geschrieben hat und dessen Titel *Die Kunst des Atmens der Hindu* lautet. Es enthält eine Vielzahl von Techniken, mittels derer der Atem eingesetzt wird, um spirituelle Kraft und Wissen zu erlangen.

In der hawaiischen Sprache gibt es ein einzelnes Wort, »Ha«, das »Atem, Leben, Geist« heißt und außerdem »einer Sache mit dem Atem Leben einhauchen oder es heiligen« bedeutet. Früher einmal war heiliges Atmen Bestandteil eines jeden bedeutenden Rituals.

Ich habe mich weltweit mit Atemtechniken vertraut gemacht, doch am liebsten greife ich auf eine zurück, die mir ein hawaiischer Onkel beigebracht hat und die Piko-Piko heißt. Im Wesentlichen besteht sie aus bewusstem Einatmen, während man seine Aufmerksamkeit auf eine Sache richtet, und aus bewusstem Ausatmen, während man seine Aufmerksamkeit auf eine andere Sache richtet. Theoretisch lässt diese Methode eine Energiewelle zwischen den zwei Punkten entstehen. Piko-Piko kennt viele Abwandlungen, und ich habe an anderer Stelle ausführlich darüber geschrieben. Deshalb will ich hier nur sagen, dass ich eine Variante für die Dynamind-Technik ausgewählt habe, die Stress äußerst wirkungsvoll auflöst und zugleich die energetische Aufladung von Körper und Geist bewirkt.

Das Einatmen

Wenn Sie den dritten Schritt, die Berührung, abgeschlossen haben, atmen Sie ein und richten dabei Ihre gebündelte Aufmerksamkeit auf den Scheitel Ihres Kopfes. Sollte es Ihnen schwer fallen, sich auf diesen Punkt zu konzentrieren, dann können Sie sich dort ein Licht oder einen Gegenstand vorstellen oder den Bereich sogar mit einem Finger berühren. Sie müssen Ihre Aufmerksamkeit dort lediglich für die Dauer Ihres Einatmens sammeln, doch Sie können, wenn Sie wollen, die Dauer beschränken, indem Sie im Geiste bis sieben zählen.

Das Ausatmen

Nach dem Einatmen, stoßen Sie die verbrauchte Atemluft wieder aus und richten dabei Ihre gesammelte Aufmerksamkeit auf Ihre Füße. Sie müssen sich nicht eigens vorstellen oder visualisieren, wie Energie durch Ihren Körper hinunter zu Ihren Füßen fließt, denn die Energie wird Ihrer Aufmerksamkeitsverlagerung automatisch Folge leisten. Sollten Sie sich mit einer solchen Visualisierung jedoch besser fühlen, dann steht sie Ihnen natürlich frei. Eine geringfügige Bewegung Ihrer

Zehen wird alles sein, was Sie benötigen, um sich selbst bei der Verlagerung Ihrer Aufmerksamkeit zu unterstützen. Ein vollständiger Atemzyklus reicht für eine Runde Dynamind aus, doch das soll Sie nicht davon abhalten, so viel zu atmen, wie Sie nur möchten.

Dynamind in der Praxis

Die Intensitätsskala

Im Verlauf der Jahre habe ich mich verschiedener Möglichkeiten bedient, um subjektiv das Ergebnis von Heiltechniken zu messen. Doch bin ich vor allem Gary Craig zu Dank verpflichtet, dessen Methode mich zur Entwicklung der Intensitätsskala für die Dynamind-Technik inspiriert hat. Eine solche Skala ist für den Therapeuten oder für die Workshop-Demonstration nützlicher als für die Person, die Dynamind als Selbstheilungstechnik anwendet, doch kann sie auch dem Patienten subtile Veränderungen von einer Runde zur nächsten bewusst machen.

1. Wählen Sie, bevor Sie mit der Dynamind-Technik beginnen, eine Zahl zwischen null und zehn, die für die Intensität Ihres Problems steht, wobei null kein Problem bedeutet und zehn ein äußerst ernstzunehmendes.
2. Nach jeder Runde wählen Sie wieder eine Zahl, die den neuen Stand Ihres Problems repräsentiert. Denken Sie daran, auch eine kleine Veränderung ist eine Veränderung.
3. Lassen Sie weiter eine Runde der nächsten folgen. Verwenden Sie Varianten der Technik falls erforderlich. Fahren Sie so lange fort, bis Sie die Zahl eins oder null auf der Skala erreichen, bis sich keinerlei Veränderung mehr feststellen lässt, gleichgültig was Sie auch unternehmen, oder bis Sie den Prozess abschließen wollen.

Anleitungen für die Praxis

Nachfolgend ein paar Hilfestellungen, die Sie darin unterstützen, die Dynamind-Technik besser zu nutzen. Auf manche von ihnen will ich in späteren Kapiteln noch einmal zurückkommen, auch um sie im Zusammenhang mit den dazugehörigen Beispielen zu diskutieren.

1. Machen Sie so viele Runden, bis Sie die Erleichterung spüren, nach der Sie suchen, oder für die Sie Zeit haben. Manche Symptome benötigen mehrere Runden, bis die Spannung ausreichend abgebaut ist, und gelegentlich deckt die Auflösung eines Symptoms ein darunter liegendes auf.
2. Wann immer möglich beschreiben Sie das Problem lieber mit konkreten Wahrnehmungen oder Gefühlen statt mit abstrakten Etiketten. »Ich bin erkältet« ist ein abstraktes Etikett, »Meine Nase ist verstopft« ist eine konkrete Wahrnehmung. »Ich bin wütend« reicht aus, aber »Ich spüre Wut in meinem Bauch« führt weiter.
3. Falls sich ein Schmerz oder ein anderes Symptom nach ein paar Runden an eine andere Stelle im Körper verschiebt, gehen Sie davon aus, dass die neue Stelle für ein neues Symptom auf einer anderen Stressschicht steht, auch wenn das Symptom das gleiche ist wie zuvor. So kann eine Dynamind-Sitzung mit einem Schmerzgefühl in der Brust in der ersten Runde beginnen, in der zweiten Runde wechselt der Schmerz vielleicht in die Schulter und in der dritten »verwandelt« er sich zu einem Zittern der Beine.
4. Falls sich ein physisches Symptom nach drei Runden gar nicht ändert, müssen Sie davon ausgehen, dass ihm eine unterdrückte Emotion zugrunde liegt, selbst wenn Ihnen das nicht bewusst ist. Wenn keine Verbindung zu einer Emotion herzustellen ist, dann versuchen Sie es zunächst mit Wut, dann mit Angst. Verwenden Sie Aussagen wie »Es könnte Wut in meiner Schulter sitzen« oder »Meine Augen könnten vor etwas Angst haben«. Falls sich eine Erleichterung einstellt, verwenden Sie die vermutete Emotion so lange, bis sich das Symptom aufgelöst hat oder bis dieser Weg Sie nicht mehr weiter führt.

5. Wenn weder der physische Ansatz noch die vermutete Emotion für Abhilfe sorgt oder wenn Sie alles getan haben, um das Problem zu beheben, und es dennoch fortdauert, dann bauen Sie Fantasiebilder in den Prozess ein.
6. Um Kranken, kleinen Kindern, Tieren oder irgendjemandem zu helfen, der die Dynamind-Technik nicht selbst anwenden kann, berühren, umarmen oder streicheln Sie zunächst den Patienten auf eine Weise, die eine emotionale Beziehung herstellt. Damit ersetzen Sie die Geste. Dann treffen Sie eine Aussage für den Patienten, zu dem Sie weiterhin den physischen Kontakt aufrechterhalten und verwenden hierzu die Formel »X hat ein Problem mit ...« Als nächstes lassen Sie den dritten Schritt, die Berührung der vier Punkte folgen. Legen Sie zum Schluss Ihre Hände auf seinen Scheitel und dann, während Sie den Atemzug ausführen, auf das Steißbein, Knie oder die Fußsohle des Patienten. Letzteres hängt einfach vom Zustand, der Position und der Lage des Patienten ab.
7. Sollten Sie sich in einer Situation befinden, in der es peinlich oder unpassend sein könnte, die Dynamind-Technik auf die normale Weise anzuwenden, wie etwa während der Arbeitszeit im Großraumbüro oder beim Autofahren, dann können Sie den Prozess ohne Geste, lautes Aussprechen der Aussage und tatsächliche physische Berührung der Punkte auch mental im Kopf vollziehen. Es ist unter solchen Umständen sehr hilfreich, wenn Sie die Technik bereits vorher mehrmals real angewendet haben, damit die Erinnerung an den Ablauf Ihnen die Konzentration erleichtert.
8. Als Therapeut oder Freund können Sie jemandem helfen, die Dynamind-Technik anzuwenden, ohne das Problem dieser Person zu kennen. Der Patient kann einfach nur an sein Problem denken, ohne die Aussage laut auszusprechen, während Sie ihn Schritt für Schritt durch den Prozess geleiten. Dieses Verfahren ist sehr hilfreich, wenn sich jemand zu peinlich berührt fühlt oder sich aus anderen Gründen sträubt, einen Außenstehenden an seinem Problem teilhaben zu lassen. Die Sitzung endet, wenn der Patient es will.
9. Sollte die Dynamind-Technik keinerlei Fortschritt bringen, dann verwenden Sie sie in Kombination mit einer anderen Methode.

Am besten hilft Dynamind, Spannung aufzulösen. Wenn die Auflösung von Spannung nicht ausreicht oder nicht angemessen ist, um Ihnen mit Ihrem Problem zu helfen, dann ist es am besten, eine andere Methode zu wählen oder sich Hilfe von Dritten zu holen.

Dynamind in Aktion

Die nachfolgenden Kapitel enthalten zahlreiche Fallbeispiele, die verdeutlichen, wie Dynamind in der Praxis funktioniert. Es sind beispiele aus Workshop-Demonstrationen, Klientensitzung und persönlichen Berichten.

Die vorgestellten Fallbeispiele sind kodiert und bezeichnen die Quelle, um ihre Zuordnung und Auffindbarkeit zu erleichtern. Fälle, die meinem eigenen Erfahrungsschatz entnommen sind, tragen die Kodierung »SK«, diejenigen von zertifizierten Dynamind-Praktikern werden durch eine neutrale Buchstabenkombination bezeichnet und persönliche Berichte durch den Buchstaben »X«. Fallbeispiele wurden nur da verändert, wo dies zum Schutz der Praktiker, Klienten und der Personen, die ihre Erfahrung von sich aus zur Verfügung gestellt haben, erforderlich war.

Workshop Demonstrationen
Jedes Mal, wenn ich einen Workshop über die Dynamind-Technik abhalte, demonstriere ich auf der Bühne vor dem Publikum die Wirkung der Technik auf Schmerz, emotionale und anderen Probleme. Diese Demonstrationen dauern für gewöhnlich ein bis zwei Minuten, einige wenige benötigen mitunter fünf Minuten. Obwohl die investierte Zeit äußerst kurz ist, gelingt uns häufig die vollständige Auflösung des Problems oder aber wir brechen die Vorführung ab, wenn ein Teilerfolg erzielt ist und weisen den Patienten an, wie er den Prozess für sich allein weiterführen kann. Manchmal ergeben sich während oder nach dem Workshop noch weiterführende Fortschritte, manchmal aber auch nicht.

Für die Demonstrationen bitte ich um einen Freiwilligen aus dem Publikum. Diese Person kommt auf die Bühne, und ich geleite sie im Stehen durch den Prozess. Entweder wir benutzen einfach die Standardaussage oder aber, und das kommt häufiger vor, wir beziehen die Aussagen des Patienten mit ein. In manchen Fällen schlage ich eine Formulierung vor, aber ich bitte den Patienten immer zuvor um seine Genehmigung. Gelegentlich, wenn es angemessen erscheint, greife ich auf Fantasiebilder zurück. Klopfen ist die am häufigsten verwendete Berührungsart bei Demonstrationen, denn sie hat für das Publikum den größten Widererkennungswert. Andere Berührungsformen benutze ich, wenn ich auf weitere Möglichkeiten aufmerksam machen will.

Klientensitzungen
Sie sind die vollständiger dokumentierten Fälle, die ich entweder selbst aufgezeichnet habe oder die von den von mir ausgebildeten zertifizierten Praktikern stammen.

Es ist jedermann ohne Einschränkung gestattet, die Dynamind-Technik privat oder in einer therapeutischen Praxis zu nutzen. Für diejenigen, die ihre Fertigkeit im Umgang mit Dynamind verbessern oder in eine Überweisungsliste aufgenommen werden wollen, habe ich ein eigenes Schulungsprogramm entwickelt. Wenn sie eine festgelegte Zahl von Fällen in einem vorgeschriebenen Format präsentiert haben und ich diese mit ihnen im Detail durchgegangen bin, erhalten sie ein Zertifikat als Dynamind-Praktiker. Einzelheiten zu diesem Programm können Sie dem Anhang entnehmen.

Alle Fallbeispiele von Klientensitzungen in diesem Buch sind entweder von mir oder von zertifizierten Dynamind-Praktikern aufgezeichnet worden. Das formale Fallstudienformat sorgt für eine einheitliche Informationsbasis. Dennoch ist ein hohes Maß an Flexibilität gestattet, um dem sehr unterschiedlichen Hintergrund des jeweiligen Praktikers und seiner individuellen Anwendung der Dynamind-Technik gerecht zu werden. In der überwiegenden Zahl der Fälle wird jedoch bei jedem Beispiel Geschlechtszugehörigkeit und Alter des Patienten genannt, die Art seines Problems, im Bedarfsfall die Intensität seines Problems, der Aussagentyp, eine Beschreibung der Fantasiebilder, falls welche eingesetzt wurden, das Ergebnis jeder Runde und das Endergebnis der Sitzung.

Dynamind ist so konzipiert, dass der Patient selbst die Technik bei sich anwendet. Meistens erklärt folglich der Praktiker dem Patienten zunächst die Technik und führt ihn dann durch den Prozess, indem er, wo nötig, Veränderungsvorschläge macht. Manchmal jedoch ist der Patient in einem solchen körperlichen oder mentalen Zustand, dass der Praktiker für den Patienten die Aussage und die Berührungen übernehmen muß. Bei Patienten, die einen normalen Ablauf ermöglichen, wendet der Praktiker die Technik mental an.

Klientensitzungen müssen nicht immer in einer Praxis stattfinden. Weil die Technik so einfach und leicht erlernbar ist, können Sitzungen auch im Restaurant, auf einem Flughafen, am Telefon oder an einem beliebigen anderen Ort stattfinden.

Die Dynamind-Technik für sich genommen ermöglicht erstaunliche Ergebnisse. In der Kombination mit anderen Heilmodalitäten ist sie nicht weniger effektiv. Aus diesem Grund integrieren manche Praktiker sie gerne in andere Therapieformen oder umgekehrt. Dieser Umstand mag die Frage aufwerfen, welchen Anteil Dynamind an der Heilung eines Problems hatte. Doch mein Hauptinteresse ist es, zur Heilung des Patienten beizutragen. Wer sich den Erfolg auf die Kappe schreiben darf, ist für mich eher weniger von Belang. Außerdem ist die Antwort auf die Frage, wem die Heilung gelungen ist, ohnehin immer die gleiche: Heilung kommt von innen. Der Patient selbst ist der Heiler. Die Dynamind-Technik und andere Verfahrensweisen sind letztendlich nur Werkzeuge. Der wichtigste Aspekt des Heilens ist die Heilung selbst und nicht die Methode.

Persönliche Berichte

Die meisten kommen als E-Mails oder als Briefe von Menschen, die die Technik bei sich selbst oder bei Freunden und Familienmitglieder angewendet haben. Bestimmte Fallstudien von Praktikern bei denen Feedbackergebnisse möglich aber nicht verifizierbar sind, fallen ebenfalls in diese Kategorie. Für gewöhnlich wird in solchen Darstellungen wenig Bezug genommen auf den zugrunde gelegten Prozess. Deshalb greife ich solche Berichte nur auf, wenn sie besonders interessant sind oder wenn sie, wie Sie noch sehen werden, ein eigenes Kapitel verdienen.

Begriffserläuterungen

In manchen der Fallbeispiele werden Sie auf Begriffe oder Ausdrücke stoßen, deren Bedeutung nicht offensichtlich ist. Ich will ihre Erklärung an dieser Stelle vorwegnehmen.

Der Dynamind-Entstresser
Diesen begriff habe ich in einigen meiner Workshops für die Grundform der Dynamind-Technik verwendet.

Der Dynamind-Entwickler
Dieser Name wird gelegentlich Dynamind-Prozessen gegeben, die eine Kraftaussage einschließen.

Die Emotionssperre
Dieser Begriff beschreibt die Situation, wenn während einer oder mehrerer Runden Dynamind emotionale Spannung nicht allein durch die Aussage aufgelöst werden kann.

Der Symbolschlüssel
Das Mittel, mit dessen Hilfe eine Emotionssperre aufgelöst werden kann. Ursprünglich bediente ich mich in solchen Fällen eines standardisierten Fantasiebilds. Ich wies den Patienten an sich vorstellen, wie er einen Schlüssel ins Schloss schiebt und die Tür öffnet, bevor er zum dritten Schritt, der Berührung, wechselte. Diese Herangehensweise hat bei vielen Patienten recht gut funktioniert, doch ich verzichtete schließlich auf diese standardisierte Variante, um mehr Raum für kreative Fantasiebildarbeit zu haben, die größere Flexibilität bei der Spannungsauflösung komplizierter emotionaler Schwierigkeiten gestattet.

Seither kann jedes Fantasiebild ein Symbolschlüssel sein.

Vermutete Emotion
Unter normalen Umständen beginnt bei der Arbeit mit einem physischen Symptom die Dynamind-Technik mit einer Aussage, die direkt auf das Symptom Bezug nimmt. Wenn Sie beispielsweise unter Kopfschmerzen leiden, dann sagen Sie, »Ich habe Kopfschmerzen, aber das kann sich ändern ...« In dem allermeisten Fällen führt diese Verfahrensweise zu einem guten Ergebnis. Manchmal jedoch gelingt der Erfolg nur zur Hälfte oder gar nicht. In einem solchen Fall habe ich es als sinnvoll erfahren, von der Existenz einer Emotionssperre auszugehen, selbst dann, wenn der Patient sich eines emotionalen Problems in Verbindung mit dem physischen nicht bewusst ist.

In der Regel gehe ich davon aus, dass es sich bei der blockierenden Emotion um Wut handelt. Wenn ich wieder kein Resultat erziele, wechsle ich zu Angst. Eine Aussage, die das Vorhandensein von Wut annimmt, könnte folgende Form annehmen: »In meinem Kopf könnte Wut sein« oder »Mein Kopf ist wütend über ...« Dann folgend die Schritte drei und vier, Berührung und Atem. Diese Methode kann sehr wirkungsvoll sein bei der gleichzeitigen Auflösung mehrer Spannungsschichten.

Dynamind vermag den meisten Menschen in den meisten Fällen zu helfen, doch nicht allen in allen Fällen. Die nächsten Kapitel werden Ihnen zeigen, wie Sie die Technik auf spezifische Probleme optimal einsetzen können.

3

Befreiung von Schmerzen

Auf der ganzen Welt klagen Menschen über nichts so sehr wie über Schmerzen. Jeder weiß, wie sich Schmerzen anfühlen, doch keiner kann sie erklären.

Überrascht Sie das? Man würde doch annehmen, dass die moderne Wissenschaft die Ursachen für den Schmerz längst herausgefunden hat, doch während meiner Recherchen zu dem Thema stieß ich auf die Meinungsäußerung vieler Mediziner, die unser gegenwärtiges Wissen über Schmerzphysiologie für »primitiv« oder »rudimentär« halten.

Dieser Umstand hat die Leute jedoch nicht davon abgehalten, sich immer wieder neue Theorien auszudenken. Schmerz ist ein so wichtiges Thema, dass es sich lohnt herauszufinden, was die verschiedensten Persönlichkeiten in der Vergangenheit über ihn dachten und was andere heute von ihm halten.

Schmerztheorien

Und schon stehen wir vor dem Problem, genau zu definieren, was Schmerz eigentlich ist. Die International Association for the Study of Pain definiert Schmerz als »eine unangenehme sensorische und emotionale Erfahrung, die mit tatsächlichen oder potentiellen Gewebeschädigungen assoziiert ist oder mit Begriffen solcher Schädigung beschrieben wird«. Interessant, doch ich kenne vielfältiges Schmerzerleben, das weder auf tatsächliche noch auf potentielle Gewebeschädigungen zurückgeht und auch nicht mit den Begriffen solcher Schädigung beschrieben wurde. Kopfschmerzen sind ein Beispiel, Menstruationsbeschwerden ein anderes, und ich bin sicher, Sie selbst könnten problemlos mit weiteren Beispielen aufwarten. In meinem englischen Lexikon steht zu lesen, dass Schmerz »eine besorgniserregende Empfindung in einem bestimmten Teil des Körpers« ist. Diese Definition scheint mir klarer zu sein, doch der Ausdruck »besorgniserregende Empfindung« beschreibt das eigentliche Schmerzerleben nicht besonders gut, deshalb verlasse ich mich lieber auf meine eigene Definition: »Schmerz ist die subjektive Erfahrung, dass etwas wehtut.« Nun lassen Sie uns einen Blick werfen auf die Theorien darüber, wie Schmerz zustande kommt.

Die Spezifitätstheorie
Diese Theorie ist sehr alt, war jedoch lange Zeit gültig. Epikur, der griechische Philosoph des dritten vorchristlichen Jahrhunderts, war meines Wissens der erste, der sie zur Sprache brachte. Sie besagt, dass Schmerz gleichzusetzen ist mit Verletzung – psychologische Faktoren spielen in der Gleichung keine Rolle. 1644 glaubte der Philosoph René Descartes, dass mit jedem Feuer eine Substanz namens »Phlogiston« freigesetzt wird und dass das Schmerzempfinden bei einer Verbrennung zustande kommt, weil das Phlogiston des Feuers einen Punkt auf der Haut in Bewegung setzt und auf diese Weise an einer Art Schnur im Körper zieht, die in das Gehirn führt und so das Schmerzempfinden auslöst. Er verglich den Vorgang bildlich mit dem Küster, der unten am Glockenseil zieht und damit oben im Glockengestühl die Glocke zum Läuten bringt. Was den durch andere Verletzungen ausgelösten Schmerz betrifft, so meinte Descartes ebenso wie Epikur, dass die Schmerzintensität in direkter Beziehung zur Größe der Verletzung stehe. Die Theorie erscheint einleuchtend, solange sie auf einfache Verletzungen angewandt wird. Doch kann sie eine große Zahl anderer Schmerzzustände nicht erklären, insbesondere chronischen Schmerz, der auch dann nicht aufhört, wenn die ursprüngliche Verletzung verheilt ist.

Ein Dr. Max von Frey präsentierte 1894 eine Lösung, indem er behauptete, dass die menschliche Haut über sensorische Punkte für Berührung, Wärme, Kälte und Schmerz verfüge und dass freie Nervenenden spezielle Rezeptoren des Schmerzes seien. Ähnlich wie Descartes vermutete er, dass es eine Art direkte Nervenverbindung von der verletzten Stelle bis zum Gehirn geben müsse. Leider widersprachen klinische und physiologische Funde Freys Theorie. Am ernsthaftesten herausgefordert wurde die Spezifitätstheorie von Dr. Henry Beecher, der im Zweiten Weltkrieg verletzte Soldaten behandelte. Er stellte fest, dass nur einer von fünf Soldaten Morphium verlangte, um Schmerzen zu lindern. Als er jedoch nach dem Krieg Zivilisten mit ähnlichen Verletzungen behandelte, bemerkte er, dass er bei ihnen sehr viel häufiger als bei den Soldaten Morphium brauchte, um ihre Schmerzen unter Kontrolle zu halten. Dr. Beecher zog daraufhin den Schluss, dass es keine direkte Beziehung zwischen der Intensität des Schmerzes und der Schwere der Verletzung gab. Ja, er gewann die Überzeugung, dass der emotionale Zustand des Patienten größeren Einfluss auf das Schmerzempfinden hat als die Verletzung selbst.

Die Gate-Control-Theorie
Es gibt wenigstens ein Dutzend weiterer Theorien über Schmerz, darunter die Erregungsmustertheorie, die Zentrale Summationstheorie, die Intensitäts- und die Mustertheorie, doch die anerkannteste unter den Medizinern weltweit ist heute die »Gate-Control-Theorie« (oder Torkontrolltheorie). Sie wurde in den Sechzigerjahren von Ronald Melzack und Patrick Wall entwickelt und veranlasste noch im Jahr 2003 Dr. William Deardorff zu schwärmen: »Das Großartige an dieser Theorie ist, dass sie eine physiologische Basis für das komplexe Phänomen Schmerz liefert.« Allerdings fühlte sich ein anderer Mediziner veranlasst zu beklagen: »Die größte Schwäche der Theorie besteht darin, dass sie noch immer ein im Wesentlichen rein physiologisches Model darstellt.« Das bedeutet, dass sie psychologische Aspekte des Phänomens Schmerz nicht angemessen berücksichtigt.

Sehr einfach ausgedrückt geht die Gate-Control-Theorie davon aus, dass es im Nervenbündel an der Wirbelsäulenbasis eine Art »Nerventor« gibt, das den Fluss der Schmerzmeldung an das Gehirn reguliert. Verletzungen und negative Emotionen oder Einstellungen öffnen das Tor, schmerzstillende Behandlungen und positive Emotionen oder Einstellungen schließen das Tor. Ein gewisser Spielraum wird »Signalen vom Gehirn« eingeräumt, die das Öffnen oder Schließen beeinflussen, doch bleibt das tatsächliche Wesen dieser Signale in dem Stoff sehr unklar.

Meiner Meinung nach versagt diese Theorie darin, die sehr reale Erfahrung von emotionalem und mentalem Schmerz zu berücksichtigen so wie auch jenes Schmerzes, der ohne physische Verletzung auftritt. Zudem fehlt eine Erklärung für das gleichzeitige Erleben von Schmerz- und Lustgefühl, dem die meisten Menschen bereits irgendwann einmal begegnet sind. Selbst Dr. Deardorff räumt ein: »Bisher hat niemand die Einzelheiten dieses Prozesses wirklich durchschaut, noch weiß irgendjemand, wie er zu kontrollieren ist.«

Die Sauerstoffmangeltheorie
Dr. Majid Ali, Medizinprofessor an der Capital University of Integrative Medicine in Washington D. C., hat eine Schmerztheorie insbesondere im Hinblick auf die Krankheit Fibromyalgie (eine durch chronische Schmerzen im Bereich der Muskulatur, des Bindegewebes und der Knochen gekennzeichnete Erkrankung) entwickelt. Die offizielle Bezeichnung der Theorie lautet Oxydative-dysoxygenative Funktionsstörung (ODD) und basiert auf der Vorstellung, dass dem Schmerz ein Sauerstoffstoffwechselstörung in den Zellen zugrunde liegt. Majid Ali unterbreitet, wie er sie nennt, drei »Grundfakten« der Fibromyalgie:

1. Alle Symptome der Fibromyalgie werden durch Sauerstoffmangel in den Zellen verursacht.
2. Der Sauerstoffmangel wird verursacht durch einen gestörten Sauerstoffstoffwechsel.
3. Die Sauerstoffstoffwechselstörung kommt zustande durch übermäßigen und kumulativen oxydativen Stress, der durch Zucker-

überlastung, Antibiotikamissbrauch, nichtdiagnostizierte Allergien, synthetische Stoffe und Wut verursacht werden kann.

Obgleich Dr. Ali seine Theorie allein auf Fibromyalgie bezieht, führt er neben dem Schmerz noch zahlreiche andere Symptome auf Sauerstoffmangel zurück.

Die Sarno-Theorie
Basierend auf vierundzwanzig Jahren erfolgreicher Behandlung des Tension Myositis Syndroms (TMS) vermutet Dr. John Sarno, Professor für Rehabilitationsmedizin an New York School of Medicine, eine Körper-Geist-Verbindung. Seine Theorie fußt auf der Annahme, dass bei den meisten Menschen Schmerz auf emotional verursachte Spannung zurückzuführen ist und dass sie außerdem ursächlich hinter zahlreichen anderen weit verbreiteten physischen Störungen steht. In seinem Buch *Von Rückenschmerzen befreit* schreibt er, dass er auf diesen Gedanken kam, nachdem zu viele Wirbelsäulenoperationen darin versagt hatten, den Patienten schmerzfrei zu machen. Bestandteil seiner unorthodoxen Behandlungsformen ist es, den Patienten Vorträge darüber zu halten, warum sie keine Rückenschmerzen haben müssen, und er berichtet von erstaunlichen Erfolgen mit dieser Methode.

Ich hatte die Gelegenheit, Dr. Sarnos Theorie auf die Probe zu stellen, als ich an einem Projekt teilnahm, das es sich zur Aufgabe gemacht hatte, aus einem alten hawaiischen Tempel auf Kauai, Bäume und Buschwerk zu entfernen. Es gehörte zu meinen Aufgaben fünfzehn Zentimeter dicke Äste über eine Mauer zu werfen. Nachdem ich diese Tätigkeit in tropischer Hitze, ohne Pause und Wasser eine Dreiviertelstunde betrieben hatte, durchzuckte mich plötzlich ein stechender Schmerz in der Lendenwirbelgegend. Mit »gesundem Menschenverstand« hätte ich vermutlich die ungewohnte körperliche Anstrengung des Hebens und meine Austrocknung für den Schmerz verantwortlich gemacht, doch ich entschloss mich trotzdem zu einem Experiment. Davon ausgehend, dass mein Körper/Unbewusstes das, womit ich gerade beschäftigt war, nicht mehr tun wollte, beugte ich mich vorn über und verharrte fünf Minuten in dieser Haltung. Dabei erklärte ich meinem Körper, dass es normal sei, sich vornüber zu beugen, und dass er für diese Aufgabe geschaffen sei, dass es in Ordnung sei, weiterhin zu heben, und dass wir etwas später eine Pause machen würden. Innerhalb dieser fünf Minuten verschwand der Schmerz vollständig. Ich warf noch eine weitere Stunde schmerzfrei Äste über die Mauer, bevor ich die versprochene Pause einlegte.

Bei einer anderen Gelegenheit, als ich Stunden an meinem Computer zubrachte und im Begriff war, ein schmerzhaftes Karpaltunnelsyndrom zu entwickeln, wandte ich die eben beschriebene Methode mit dem gleichen Erfolg an.

Zwar überzeugt Dr. Sarnos Theorie in dem ihr vorgegebenen Rahmen, und seine Behandlungen sind ebenfalls erfolgreich, doch in vielen Fällen dauern sie meiner Meinung nach zu lange.

Die Dynamind-Schmerztheorie
Alle vorangehend geschilderten Theorien haben das Problem, dass sie die Art Schmerzauflösung, die von der Dynamind-Technik bewirkt wird, nicht erklären können. Weder bin ich ein Mediziner noch ein Physiologieexperte. Doch immerhin bin ich ein einigermaßen verstandesbegabter Mensch und kann mir Theorien ebenso gut ausdenken wie jedermann. Meine Theorie ist einfach, praktisch und basiert auf dreißig Jahren Erfahrung damit, Menschen bei ihrer eigenen Schmerzbekämpfung zu helfen. Dennoch muss das, was Sie nachfolgend lesen werden, nicht zwangsläufig wahr sein. Wie all die vorher erwähnten Theorien ist auch die meine nur eine Theorie. Dies ist meine Dynamind -Schmerztheorie:

1. Sich gegen Erfahrungen zu wehren, verursacht Spannung im Körper.
2. Ein Übermaß an Spannung bewirkt Schmerzen und andere Probleme in Körper und Geist.
3. Wird die Spannung aufgelöst, dann verschwindet der Schmerz, und die einhergehenden Probleme heilen sich selbst.

Bitte machen Sie sich bewusst, dass diese Theorie nichts darüber aussagt, wie die Spannung behoben werden kann. Ebenso wenig äußert sie sich darüber, wie das Schmerzgefühl zustande kommt. Sie besagt lediglich, dass der Schmerz verschwindet sobald man die Spannung auflöst. Mittel zum Zweck könnte Meditation, aber auch ein chirurgischer Eingriff sein – es spielt wirklich keine Rolle, solange es mehr Spannung auflöst als bewirkt.

Was das Zustandekommen des Schmerzgefühls betrifft, so neige ich persönlich zu einer Mischung aus den Erklärungen Alis und Sarnos. Wenn Schmerz das Signal für Sauerstoffmangel ist und wenn Spannung tatsächlich bei den meisten, wenn nicht gar bei allen Schmerzzuständen eine Hauptrolle spielt, dann erscheint es mir zwingend logisch, dass Spannung die Ursache für den Sauerstoffmangel in der Zelle ist. Spannung könnte eine direkte Ursache sein, wenn sie unmittelbar die Sauerstoffzufuhr durch eine Hemmung des Blutflusses stört, oder aber eine indirekte, wenn sie sich auf ein Organ oder eine Funktion auswirkt, das oder die mit dem Sauerstoffstoffwechsel in Zusammenhang stehen. Diese Theorie stellt eine logische Basis für die Erfahrung dar, dass die Auflösung von Spannung Heilung voranbringt, und das gefällt mir daran. Trotzdem ist sie nichts als eine Theorie.

Doch nun zurück zur Dynamind-Technik, von der dieses Buch ja schließlich handelt. Wir wollen uns nun endlich ansehen, wie gut die Methode wirklich in der Schmerzbekämpfung ist. Und übrigens, selbst wenn in einer Fallbeschreibung die Schritte Berührung und Atem nicht immer extra erwähnt werden, sie werden nie weggelassen.

Rasche und einfache Schmerzlinderung

Schmerz ist das am weitesten verbreitete Leiden des Menschen, und daher spielt er in den meisten unserer Fallbeispiele eine zentrale Rolle. In der Mehrheit dieser Fälle erfolgt die Schmerzauflösung nach drei Runden Dynamind. Wenn man bedenkt, dass eine Runde ungefähr dreißig Sekunden dauert, dann bedarf es nicht mehr als ein bis zwei Minuten, um die Qualen abzuschütteln. Natürlich beinhalten keineswegs alle Fälle eine derart rasche Schmerzlinderung. Manche Sitzungen machen viele Runden erforderlich, etliche Fälle mehr als eine Sitzung, und bei anderen tritt die vollständige Schmerzauflösung erst lange nach Ablauf der Sitzung ein. Nachfolgend trotzdem eine Kostprobe kurzer, unkomplizierter Fälle. Machen Sie sich bewusst, wie unterschiedlich die Schmerzarten sind, die auf diese Weise erfolgreich behandelt werden konnten.

Genickschmerzen (PSK01)
Die Frau, die sich für diese Workshop-Demonstration zur Verfügung stellte, litt seit fünf Jahren unter chronischen Genickschmerzen. Auf der subjektiven Schmerzintensitätsskala von null bis zehn gab sie ihrem Schmerz acht Punkte. Im zweiten Schritt verwendete sie die Aussage: »Ich habe Schmerzen in meinem Nacken, doch das kann sich ändern; ich will, dass der Schmerz verschwindet.« (Um Wiederholungen im weiteren Text zu vermeiden, werde ich diese Art Aussage als »Standardaussage« bezeichnen, womit die einfachste Aussagenform mit direktem Bezug zum Symptom gemeint ist.) Nach der ersten Runde wurde auf der Intensitätsskala nur mehr der Wert zwei erreicht, und nach einer weiteren Runde hatte sich der Schmerz aufgelöst.

Schmerzen in der Lendenwirbelsäule (P81802)
Eine fünfzigjährige Frau quälte sich seit mehreren Wochen mit unablässigen Schmerzen in der Lendenwirbelsäule und bewertete sie auf der Intensitätsskala mit der Note fünf. Zur Anwendung kam die Standardaussage. Nach der ersten Runde sank das Schmerzniveau auf drei, nach der zweiten waren die Schmerzen vollständig verschwunden.

Verbrennungen (P35104)
Ein Mann in den Sechzigern wurde die von einer Verbrühung zurückgebliebenen Schmerzen des Skalenwertes acht nicht los. Eine

Standardaussage in der ersten Runde bewirkte eine leichte Verbesserung. Für die zweite Runde wurde die Aussage, »Ich habe durch diese Verbrennung meine Lektion gelernt, und du kannst jetzt verschwinden«, verwendet, die den Schmerz vollständig auflöste.

Schmerzen im Bein (P41910)

Eine fünfundvierzigjährige Frau, bei der gerade HIV positiv diagnostiziert worden und die entsprechend depressiv war, spürte zum Zeitpunkt der Sitzung einen unerträglichen Schmerz im rechten Bein unterhalb des Knies, den sie als Grad sieben einordnete. In drei Sitzungen wurden Standardaussagen für Schmerz, dumpfer Schmerz und Taubheit eingesetzt und das Schmerzniveau sank zunächst auf vier, dann auf eins und schließlich auf null.

Rückenschmerzen (P26411)

Eine Frau, einundfünfzig Jahre alt, hatte sich eine Woche vor der Sitzung eine Fischvergiftung zugezogen. Sie hatte unter anderem ein krampflösendes Mittel gegen ihre Darmbeschwerden in die linke Hüfte gespritzt bekommen. Seither litt sie unter Schmerzen im Darm- und Lendenwirbelsäulenbereich sowie in der linken Hüfte und nahm ununterbrochen krampflösende Medikamente ein. Als sie zur Sitzung kam, bewertete sie das Schmerzniveau im unteren Rücken mit vier. Sie konnte den Oberkörper nur unter starken Schmerzen aus den Hüften vorbeugen. Für die Aussage in der ersten Runde einigten wir uns auf: »Ich habe ein Problem mit einem nagenden Schmerz im gesamten Bereich meines Kreuzes...« Der Schmerz ging von vier auf eins zurück, und sie konnte nun, wenn sie sich vorbeugte, fast bis zum Boden gelangen. Für die zweite Runde wählten wir die Aussage: »Ich habe noch immer ein Problem mit einem nagenden Schmerz im gesamten Bereich meines Kreuzes, und ich habe mir selbst bewisen, dass sich das ändern kann. Ich will, dass das Problem jetzt sofort vollständig verschwindet.« Der Schmerz löste sich ganz und gar auf, und sie konnte sich nun völlig schmerzfrei vorbeugen und den Boden berühren.

Schmerzen im Knie (P26412)

Der vierundsiebzigjährige Patient wollte an dem arthritischen Schmerz in seinen beiden Kniegelenken arbeiten. Seit sechs Monaten quälte er sich mit diesen Schmerzen, die er als leicht bewertete, aber dem Schmerzgrad fünf zuordnete. Der Mann ist ein Erfinder und verfügt über ein umfassendes Wissen auf dem Gebiet der Mechanik, aber auch über seinen Körper. Ihn faszinierte die Vorstellung, dass man Heilung mittels Spannungsauflösung bewirken kann. Wir verwendeten die Standardaussage, die wir an das jeweils sich verändernde Empfinden anpassten. Nach der ersten Runde erreichte der Schmerz nur mehr dreieinhalb Punkte, nach der zweiten wurde er bei zweieinhalb eingestuft und nach der letzten als »unbedeutend« mit einem halben Punkt bewertet.

Schmerzhafter Hundebiss (P39218)

Fälle wie dieser sind typisch in unseren Karteien. »Mein achtjähriger Sohn war von einem kleinen Hund mit sehr spitzen Zähnen in den Finger gebissen worden. Er kam schreiend und jaulend vor Schmerzen ins Haus gelaufen. Ich gab ihm etwas Rescue Remedy, doch es schien nicht zu helfen. Daraufhin probierten wir es mit der Dynamind-Technik. Er sagte, ›Mein Finger tut mir weh, doch das kann sich ändern. Ich will, dass der Schmerz aufhört.‹ Nach der dritten Runde war die Angelegenheit vollständig vergessen.«

Rückenschmerzen (P12419)

Die Patientin war eine siebenundfünfzigjährige Frau mit Morbus Hodgkin. Ihr momentanes Problem waren Schmerzen im Trapezmuskel unterhalb des Hinterkopfes, und auch ihre Nackenmuskulatur schien äußerst verkrampft. Außerdem hörte sie ein Klingeln im rechten Ohr und hatte einen leichten Tick über dem rechten Auge. In der ersten Runde verwendeten wir eine Standardaussage gegen Stress in der Nackenmuskulatur, in der zweiten bearbeiteten wir auf die gleiche Weise den dort lokalisierten Schmerz und konnten den Nackenschmerz das Ohrgeräusch und den Tick zum Verschwinden bringen. Eine Stunde nach der Sitzung rief sie an und berichtete, dass sich alle Schmerzen in ihrem Rücken aufgelöst hatten und sie sich bewegen konnte wie schon seit langem nicht mehr.

Kopfschmerzen (P26420)
In diesem Fall benötigten wir vier Runden, um das Problem zu beheben. Zieht man die Umstände in Betracht, dann stellte sich der Erfolg dennoch erstaunlich schnell ein. Der Fall macht außerdem die Flexibilität der Technik und die Kreativität des Therapeuten deutlich. Die Patientin (dreiunddreißig Jahre alt) war nach einen Autounfall, denn sie achtzehn Jahre vor der Sitzung gehabt hatte, nahezu voll behindert. Ihr rechter Arm und ihr rechtes Bein waren fast unbeweglich. Ihre Sprache kam zögerlich aus dem rechten Mundwinkel, sie litt unter Zittern und den Folgen eines leichten Hirnschadens, doch schien ihre Intelligenz nicht beeinträchtigt. Zu dieser Sitzung war sie wegen ihrer Kopfschmerzen gekommen, die seit zwei Monaten periodisch wiederkehrten und auf der Intensitätsskala den Wert drei erreichten. Der Prozess erfolgte in liegender Position. In der ersten Runde bedienten wir uns der Aussage: »Ich habe hinter beiden Augen Kopfschmerzen, doch das kann sich ändern. [Name des Therapeuten] wird für mich klopfen.«, und reduzierten damit den Schmerz auf den Wert zwei. Die Aussage in der dritten Runde fiel ähnlich aus und bewirkte ein weiteres Absinken der Schmerzintensität auf eins und die Lokalisierung des Schmerzes hinter dem rechten Auge. Nach einer erneuten Anpassung der Aussage verschwand der Schmerz vollständig. Weil die Patientin selbständig weiterarbeiten wollte, wurde ihr geraten, sich keine Sorgen darüber zu machen, dass ihr die Berührung nicht mit allen Fingern gelang. Sie solle sich einfach auf ihre Absicht der Berührung konzentrieren. Während der Berührung könne sie sich vorstellen, dass sie im Geiste bis sieben zähle, während sie mit den Fingern auf die Schmerzpunkte klopfe.

Emotional aufgeladene Schmerzen

Weil Stress und Spannungen sich in Schichten festsetzen, offenbart die Auflösung von Oberflächenschmerz oft weiteren, darunter befindlichen Schmerz in anderen Bereichen wie auch zugrunde liegende emotionale Beschwerden, die geradezu nach Auflösung schreien. Ja, bei einer Vielzahl von Fällen ist die emotionale Auflösung geradezu eine Vorbedingung für das Verschwinden der physischen Symptome. Um Zugang zu diesen emotionalen Widerständen zu erlangen, müssen häufig Vermutungen über Angst und Wut angestellt werden. Die Ursache hierfür ist das merkwürdige, doch die gesamte Menschheit betreffende Problem, dass nämlich der Geist sich des Zustandes des Körpers nicht immer bewusst ist. So kann sich der Körper einer Person in großer emotionaler Not befinden, dennoch beharrt die Person auf der Eben ihres Bewusstseins möglicherweise darauf, weder Angst noch Wut noch irgendwelche anderen unangenehmen Gefühle zu empfinden. Ich habe die Erfahrung gemacht, dass dies vor allem auf Menschen zutrifft, die es sich zur Gewohnheit gemacht haben, unangenehme Gefühle zu unterdrücken. Doch weil uns unsere kulturellen Vorstellungen und Überzeugungen veranlassen, Intellekt und Emotion voneinander zu trennen, kann es uns allen zu bestimmten Zeiten ebenso ergehen. In der Praxis hat es sich in vielen Fällen als äußerst hilfreich erwiesen, das Vorhandensein solcher starker Emotionen anzunehmen.

Im Anschluss können Sie typische Fälle dieser Art kennen lernen, aber auch solche, bei denen sich die emotionale Bewusstwerdung einstellte, nachdem die Schmerzen erst einmal aufgelöst waren.

Schmerzen im Ellbogen (P12425)

Ein achtundfünfzigjähriger Mann klagte über Schmerzen in seinem linken Ellbogen (Schmerzskala neun) und in seiner linken Schulter. Er berichtete, dass der Ellbogen operiert worden war, weil sein Arzt dort eine hartnäckige Entzündung festgestellt und die Auffassung vertreten hatte, dass die Knochen mechanisch von dieser Entzündung befreit werden müssten. Eine Woche vor unserer Sitzung hatte ein Neurologe dem Mann mitgeteilt, dass ihm nicht mehr geholfen werden könne, weil Nerven in seinem Ellbogen zu Schaden gekommen waren. Nach einer ersten Runde Dynamind-Technik mit einer Standardaussage, verringerte sich der Schmerzgrad auf vier. Da ich Entzündungen als Hinweis auf das Vorhandensein von Wutstressoren – neben den mit physischen Beschwerden einhergehenden anderen Stressoren – halte, probierten wir es mit einer Runde, die sich gegen die in dem Ellbogen angestaute Wut richtete, und konnten den Schmerzgrad auf eins senken. Eine abschließende Runde mit einer Standardaussage vertrieb alle restlichen Schmerzen in Ellbogen- und Schultergelenk.

Kopfschmerzen (P81826)
Ein Mann (zweiundvierzig Jahre alt) litt seit seiner Scheidung drei Jahre zuvor unter starken Kopfschmerzattacken und war im Begriff, sich ins Krankenhaus zu begeben, um das Problem abzuklären. Zu Beginn der Sitzung bewertete er seine Schmerzen auf der Intensitätsskala mit einer Fünf. Eine erste Runde unter Anwendung einer Standardaussage brachte keine Verbesserung. Folglich wurde der Vorgang wiederholt, jedoch diesmal unter Einbeziehung der Annahme, dass das Symptom emotional mit Wut und Angst aufgeladen war. Doch wieder blieb der Schmerz unverändert. Der Therapeut spürte jedoch intuitiv, dass Wut im Spiel war, und fragte den Mann nach der Beziehung zu seinem Vater, die aber in Ordnung war. Doch plötzlich fügte der Mann in einem Nachsatz hinzu, mit seiner Mutter sei es eine andere Geschichte. Nachdem der Therapeut dem Mann geholfen hatte, die Gefühle, die sich gegen seine Mutter richteten, gegenüber einer symbolischen Repräsentation zum Ausdruck zu bringen, erfolgte eine weitere Runde, diesmal mit einer Aussage, die direkt Bezug nahm auf die Wut, die der Mann gegen seine Mutter richtete. Der Schmerz löste sich vollständig auf. Vor der Sitzung hatte der Mann sich zwei- bis dreimal die Woche mit Kopfschmerzen gequält. Eine Nachfolgesitzung nach zwei Monaten zeigte, dass die Kopfschmerzen nicht zurückgekommen waren.

Schulterschmerzen (P81827)

Seit mehreren Tagen laborierte eine fünfzigjährige Frau an Schulterschmerzen (Schmerzgrad fünf), die sie hinderten ihren linken Arm normal zu gebrauchen. Nach einer ersten Runde mit einer Standardaussage gegen einen stechenden Schmerz reduzierte die Schmerzintensität auf vier. Der Therapeut überlegte, dass die linke Seite des Körpers ein weibliches Symbol ist und dass stechender Schmerz auf Wut hindeuten könnte. Als er die Patientin hierzu befragte, erklärte sie ihm, dass sie sich gerade über eine Kusine ärgere. So erfolgte die zweite Runde mit der Aussage: »Jedes Mal, wenn ich an meine Kusine denke, spüre ich Wut ...« Der Schmerz verschwand unmittelbar und fast zur Gänze und löste sich am Folgetag endgültig auf.

Rückenschmerzen (P12431)

Bei einem sechsunddreißigjährigen Mann war Morbus Bechterew diagnostiziert worden – eine arthritische Krankheit, die eine Buckelbildung und das Vorfallen der Schultern bewirkt. Außerdem litt der Mann unter starken Schmerzen. In den zwanzig Jahren seiner Krankheit hatte der Mann Ayurveda, Feldenkrais und zahllose weitere alternative Therapieformen ausprobiert, doch hatten sie alle ihm nur wenig Erleichterung verschafft. Der Dynamind-Praktiker besprach mit dem Mann dessen persönliche Probleme und stellte fest, dass sein Leben von zahlreichen Ängsten bestimmt war. Folgerichtig begann er die erste Runde mit der Aussage: »Ich spüre Angst in meinem Körper ...«, und stellte eine gewisse Entspannung her. In der zweiten Runde verwendeten sie, »Ich spüre Zweifel in meinem Körper ...«, und die Ängste kehrten zurück. In Runde drei wiederholten sie die Angstaussage und konnten die Entspannung vertiefen. »Wenn ich an mein Leben denke, dann macht sich Angst breit in meinem Körper ...« war die Aussage, die sie in der vierten Runde einsetzten, und der Mann gewann die Überzeugung, dass Veränderung tatsächlich möglich ist. Danach leitete der Therapeut zu einer Kraftaussage über: »Ich habe die Macht, ohne Zweifel zu leben ...« Der Zweifel war verschwunden, und der Mann fühlte sich besser. In der fünften Runde lautete die Kraftaussage: »Mein Körper hat die Macht, gerade zu sein, ja, so ist es.

Es soll geschehen. So soll es geschehen.« Während des Atemschritts veränderte sich sein Aussehen, sein Rücken wurde gerader, und er hob seinen Kopf. Für die sechste Runde wählten sie die Kraftaussage, »Ich besitze die Macht, meinem Körper eine gute Haltung zu geben ...« Danach lief er zu einem Spiegel und rief: »Noch nie in meinem Leben war meine Haltung so aufrecht und habe ich mich so entspannt gefühlt! Vielen Dank!« Am nächsten Tag meldete er sich, um dem Therapeuten mitzuteilen, dass er frei von Schmerzen sei.

Halsschmerzen (P69233)
Ein fünfzigjähriger Mann klagte seit zehn Tagen über Halsschmerzen und über einen fürchterlichen Husten, der ihm Kopfschmerzen verursachte. Er bewertete sein Problem mit neun bis zehn Punkten. Die Sitzung begann mit der Arbeit an den Halsschmerzen, doch erbrachten die ersten paar Runden keine Verbesserung, und der Therapeut vermutete, dass es da etwas gab, was der Mann nicht loslassen wollte. Ein Gespräch zeigte, dass der Mann gerade ein »spirituelles« Buch las, das ihm anfangs gut gefallen hatte, das er aber jetzt, je weiter er vorankam, immer weniger mochte. Weil es sich jedoch um ein spirituelles Buch handelte, fühlte er sich verpflichtet, es bis zum Ende durchzulesen. Nachdem er sich zunächst weigerte, an seinen Gefühlen zu arbeiten, stimmte er schließlich zu, und wurde sofort von einem schweren Hustenanfall erfasst. Es folgten drei Runden mit einer auf Wut bezogenen Aussage, und sowohl Husten als auch Halsschmerzen verschwanden.

Schmerz und Fantasiebildarbeit

Jeder, der gelegentlich einen Roman liest, weiß, dass Fantasie Gefühle auslöst und den Intellekt belebt. Wer bereits Erfahrungen mit Selbsthypnose oder geführten Meditationen hat, dem ist bekannt, dass die Imagination Veränderungen des Verhaltens auslösen kann. Allerdings ahnen nur wenige Menschen, dass Fantasie und Imagination einen wichtigen Beitrag zur Schmerzbekämpfung leisten können, insbesondere dann, wenn sie in die Dynamind-Technik eingebaut sind.

Da mein Einsatz von Fantasiebildern auf meiner Ausbildung zum Schamanen aufbaut, unterscheidet er sich vom einfachen Einbauen eines positiven Bildes hier und da. Schamanen versuchen Bilder heraufzubeschwören, die das Symptom repräsentieren, und dann verändern sie dieses Bild auf eine Weise, die die Auflösung der mit ihm verbundenen Spannung bewirkt. Obgleich die Methode und das Buch eine Grundformel zur Erzeugung von Fantasiebildern bieten, haben doch die meisten Bilder ihren Ursprung im Kopf der Person, der der Prozess gilt, und ergeben sich aus einer Mischung von deren Intellekt und Intuition und erforderlichenfalls den Vorschlägen des Therapeuten. Die nachfolgenden Fälle werden Ihnen diesen Aspekt der Fantasiebildarbeit bewusster machen.

Kopfschmerzen (P15235)

Ein Mann in den Vierzigern kämpfte seit nunmehr zehn Monaten gegen Kopfschmerzen hinter der Stirn an. Als er zur Sitzung kam, bewertete er den Schmerz als Grad sechs. Nach der ersten Runde mit einer Standardaussage kam es zu keiner Veränderung, doch die zweite Runde, ebenfalls unter Verwendung der Standardaussage, senkte den Schmerz um einen Punkt auf fünf. Die dritte Runde beinhaltete das Fantasiebild »einer grauen Schraubzwinge, die sich mit tonnenschwerem Druck in meine Schläfen drückt. Jetzt öffnet sie sich langsam und entschwindet in den Himmel. Sie verwandelt sich in einen winzigen Fleck und löst sich dann völlig auf.« Danach fühlte sich der Patient ein wenig besser, und der Schmerz war nur mehr ein kleiner Punkt in der Mitte seiner Stirn. Das war ihm genug, und er beendete die Sitzung. Zehn Minuten später rief er an, um dem Therapeuten mitzuteilen, dass nun Schmerzgrad eins bis zwei erreicht war. Am Folgetag, als der Schmerzgrad wieder auf fünf gestiegen war, wurde eine erneute Sitzung abgehalten. Diesmal lösten zwei Runden mit der Standardaussage den Schmerz vollständig auf.

Schmerzen im Augenbereich (PSK39)
Ein Mann in den Vierzigern litt unter starken Schmerzen im Augenbereich (Schmerzgrad zehn). Standardaussagen zeigten keine Wirkung, also kamen mehrere, verbal als Aussage formulierte Symbolschlüssel zum Einsatz. Der erste: »Die Schmerzen im Bereich meiner Augen fühlt sich an, als befinde sich dort ein verzwirbeltes Stück Seil, doch das kann sich ändern. Ich habe das Seil nun in Heilwasser getaucht, damit es weicher wird und sich aufzwirbeln lässt.« Das zweite Fantasiebild beschrieb das Gefühl als straff gespanntes Gummiband, das nun entspannt wurde. Das dritte Fantasiebild war das einer gebogenen Wirbelsäule, die sich dank eines mächtigen, mitfühlenden Heilers aufrichtete und entspannte. Das Bild war dem Patienten spontan eingefallen, und nach jeder Runde mit ihm, sank das Schmerzniveau dramatisch. Der Patient erhielt genug Zeit, um sich das Bild so deutlich wie möglich auszumalen. Dieser Prozess dauerte zehn Minuten. Am Ende war Schmerzgrad zwei erreicht, und der Patient wollte es hierbei bewenden zu lassen.

Migräne (P26440)
Seit einem Jahr quälte sich eine zweiundvierzigjährige Frau mit wiederkehrenden Migräneanfällen. Eingesetzt hatten sie nach einer Brustkrebsoperation etwa gleichzeitig mit verfrühten Wechseljahrsymptomen. Normalerweise bauten sich die Kopfschmerzen etwa drei Wochen vor der Periode auf. Der diesmalige Anfall begann drei Tage vor der Sitzung und steigerte sich bei offenen Augen und Blick ins Licht bis zu Schmerzgrad fünf. Die erste Runde mit in der Standardaussage genau beschriebenem Kopfschmerzentyp senkte die Schmerzintensität auf dreieinhalb. Während der zweiten Runde stieg sie neuerlich auf vier und sank dann nach dem Atemschritt auf dreieinhalb. In der dritten Runde kam folgendes Fantasiebild zum Einsatz: »Meine Kopfschmerzen fühlen sich an, als wringe ich Wasser aus einem Lappen. Das Wasser tropft heraus bis der Lappen vollständig ausgewrungen ist. Während ich den Lappen ausschüttele und aufhänge, sehe ich meine Kopfschmerzen verschwinden.« Die Patientin berichtete, dass sie sich nun besser fühle und dass sie nun, »mit einem erträglichen

Kopfschmerz der Kategorie drei«, die Augen offen halten könne. Später erzählte sie, dass sie abends im Bett vor dem Einschlafen den Prozess unter Verwendung des Fantasiebilds, fortgesetzt hatte und nach drei Stunden aufgewacht war, weil die Migräne vollständig verschwunden war.

Schmerz im Fuß (P13141)

Eine in der Verwaltung tätige Krankenschwester (zweiundfünfzig Jahre alt), die sich nebenbei intensiv mit Heilen beschäftigt, erschien mit Schmerzen im rechten Fuß zu einer Dynamind Sitzung. Vor einiger Zeit hatte sie sich bei einem Unfall eine Fraktur zugezogen, und vor einigen Jahren war sie an beiden Füßen operiert worden. Sie stufte den Schmerz als Grad fünf bis sechs ein, spürte ihn jedoch nur beim Gehen. Die Patientin tat sich schwer damit, den Motivationsabschnitt der Aussage auszusprechen und zog es vor »ich hätte gerne, dass der Schmerz weggeht«, statt »ich will, dass das der Schmerz verschwindet« zu sagen. Nach mehreren Runden mit der so variierten Standardaussagen, die kaum Verbesserungen bewirkten, fragte der Therapeut, ob sie irgendwelche Bilder für Ihre Schmerzen im Kopf habe. Und sie antwortete: »Ja, ich sehe kleine Dämonen aus meinem Fuß kommen.« Dieses Bild wurde in der nächsten Runde eingebaut, doch konnte der Schmerz nur auf Grad vier reduziert werden. Dann regte der Therapeut an, Bilder aus der Operation zu verwenden. Nach einer Reihe von Runden mit verschiedenen Fantasiebildern trat keine wesentliche Besserung ein bis die Patientin plötzlich sagte: »Mir wird klar, dass mir mein medizinischer Hintergrund und meine Erfahrung mit langsamen Heilprozessen hier im Wege stehen.« Der Therapeut riet zur Aufnahme des Huna-Prinzips »Es gibt keine Beschränkungen« in die Aussage der nächsten Runde (die Patientin war noch nie zuvor mit Huna in Kontakt gekommen). Die Patientin stimmte zu, und in der nächsten Runde lautete ihre Aussage: »Ich muss mich von der Vorstellung befreien, dass Heilung und Zeit ursächlich zusammenhängen, denn ich begreife, dass es in Wahrheit keine zeitliche Mindestvorgabe für die Heilung gibt. Die Heilung kann sofort kommen.« Die Patientin wurde aufgefordert, ein paar

Versuchsschritte zu machen, und das Schmerzniveau war auf drei gesunken. Mehrere Runden mit weiteren Fantasiebildern brachten nichts, bis der Therapeut vorschlug, einfach die Bilder zu verwenden, die während der Aussage in ihr aufstiegen. Nach etwa der zehnten Runde sagte die Patientin: »Ich sehe einen Kreis, der von einem wirklich ungeheuer hohen Gebäude ausgeht. Es ist Ehrfurcht gebietend, überwältigend, ein bisschen Furcht erregend. Ich stelle mir vor, dass ich mich unten darin befinde. Ich könnte das Bild ändern und mich darüber sehen, wie ich auf das ganze hinabblicke. Soll ich das tun?«, Der Therapeut riet ihr zu, und zum ersten Mal trat, als das Schmerzniveau auf zwei sank, eine deutliche Verbesserung ein. Leider musste die Sitzung an dieser Stelle beendet werden, da sie sich bereits seit zwei Stunden hinzog. Ein paar Tage später begegnete der Therapeut der Patientin zufällig und fragte sie nach den Schmerzen in ihrem Fuß. Die Patientin antwortete: »Welcher Fuß? Was für Schmerzen?«

Kopfschmerzen (P35142)
Eine Frau mittleren Alters hatte Kopfschmerzen, die sie mit Grad sieben klassifizierte. Nach drei Runden mit derselben Standardaussage gelang lediglich eine Reduzierung auf Schmerzstufe fünf. In der Folgerunde kam wieder die Standardaussage zum Einsatz, doch diesmal wurde sie um ein Symbolbild eines stürmisch aufgewühlten Ozeans ergänzt, der sich in eine spiegelglatte Wasserfläche verwandelt. Die Folge war eine sensorische Verschiebung hin zu einem Gefühl der Angst, das sich auf ihrer rechten Gesichtshälfte in Augenbraue, Schläfe und Kiefer breit machte. Eine auf die Schläfe ausgerichtete Standardaussage verringerte zwar dort das Angstgefühl, doch tauchte es verstärkt über der rechten Braue wieder auf. Dann gingen wir davon aus, dass es sich um einen mit Unzufriedenheit und Zweifel aufgeladenen Schmerz handeln könnte, und die nächste Runde reduzierte die Spannung in der Stirn auf viereinhalb. Dann kam in der Patientin das Gefühl auf, irgendeinen Verlust in ihrem Leben nicht genug betrauert zu haben. Als sie dies in ihre Aussage einbezog, stiegen ihr Tränen in die Augen, und im Scheitelbereich machte sich ein Spannungsgefühl breit. Diese Standardaussage wurde ein zweites Mal

eingesetzt und reduzierte den Schmerzgrad auf vier. In der nächsten Runde bezog sie das Symbolbild einer verwelkenden Blume, die gegossen und gedüngt wurde und deshalb wieder wachsen konnte, in ihre Standardaussage ein. Wieder flossen Tränen, Spannung baute sich in der rechten Schläfe auf, als der Patientin bewusst wurde, dass sie ihre Mutter vermisste, und ein aufsteigendes Wutgefühl erhöhte die Spannung im Scheitel neuerlich auf viereinhalb. Neuerliche zwei Runden mit Standardaussage verringerten die Spannung um das rechte Auge zunächst auf dreieinhalb und dann auf drei. Als dies erreicht war fühlte sich die Patientin erleichtert genug, um die Sitzung zu beenden.

Schmerzen im Knie (P55544)
Ein etwa dreißigjähriger Mann hatte sein linkes Knie beim Tennisspielen schwer verletzt. Zu einer großen Schürfwunde kam eine gewaltige Schwellung. Das Beugen des Knies war äußerst schmerzhaft und machte ihm das Autofahren, auf das er aus beruflichen Gründen angewiesen war, fast unmöglich. Eine Runde mit Standardaussage gegen den unangenehmen Schmerz in seinem Knie brachte keine Veränderung. Für die nächste Runde wurde das folgende standardisierte Fantasiebild verwendet: »Ich habe einen Schmerz in meinem linken Knie, der aussieht wie eine zwei Kilogramm schwere schwarze Kugel, doch das kann sich ändern. Ich will, dass diese Kugel verschwindet.« Dann wurde ein Engel gebeten, die Kugel zu entfernen, doch in der Vorstellung des Patienten, empfand der Engel die Kugel als zu schwer. Der Therapeut schlug dem Patienten vor, dem Engel einen Kran als Unterstützung anzubieten. In der Fantasie des Patienten kam ein zweiter Engel mit einem Kran dem ersten zu Hilfe, die beiden legten eine Kette um die Kugel, hoben sie mit dem Kran aus dem Knie und flogen damit fort. Klopfen und Atmen folgten, doch nichts half. Die Runde wurde noch zweimal mit den gleichen Symbolbildern wiederholt, wieder ohne das gewünschte Resultat. Eine Folgeuntersuchung am nächsten Tag jedoch ergab, dass die Schwellung vollständig verschwunden war und dass der Mann nun wieder mit seinen Freunden, die geglaubt hatten, er würde wochenlang ausfal-

len, Tennis spielen konnte. Nach einer Woche war auch die Schürfwunde, ohne Narben zu hinterlassen, vollständig verheilt.

Schmerzen im Arm (PSK45)

Eine Frau in den Vierzigern kam mit Schmerzen in beiden Armen. Die Standardaussage in der ersten Runde erbrachte keine Verbesserung. In Runde zwei wurde die Aussage verändert zu »Mein linker Arm ist wütend …« In der dritten Runde kam ein Symbolschlüssel in der Form einer dicken Nadel, die in ihrem Arm steckte und ihre Schmerzen repräsentierte, zu Einsatz, und wurde dreimal mental entfernt. Am Ende dieser Runde ging es ihrem Arm gut, doch spürte sie nun Schmerzen in ihrer linken Hand. Eine weitere Runde unter Verwendung des Symbolschlüssels machte Arm und Hand endgültig schmerzfrei.

Rückenschmerzen (P55547)

Eine achtundzwanzigjährige Frau kam mit Schmerzen im oberen Rückenbereich, die schon seit drei Jahren andauerten und für die sie ihre Arbeit am Computer verantwortlich machte. Eine erste Runde mit Standardaussage erbrachte keine signifikante Veränderung. Als die Therapeutin bemerkte, dass sie selbst keine solchen Beschwerden habe, obwohl sie gleichfalls am Computer arbeite, kam die Patientin auf den Gedanken, dass es vielleicht gut wäre für sie, wenn sie ihre Einstellung zu dieser Art Arbeit ändere. Ihr fiel ein, dass auch ihre Kollegen nicht über solche Symptome klagten. Die nächste Runde wurde um Fantasiebilder ergänzt. »Ich habe einen Schmerz in meinem Rücken, der sich anfühlt wie eine kleine violett-grüne Linie, die ungefähr drei Gramm wiegt, doch das kann sich ändern. Ich will, dass dieser Schmerz verschwindet.« Ein Engel kam, hob die Linie auf und flog damit davon. Nach dem anschließenden Klopfen und Atmen war der Schmerz aufgelöst.

Fibromyalgie

Fibromyalgie ist eine chronische Erkrankung im Bereich der Muskulatur, des Bindegewebes und der Knochen und gekennzeichnet durch typische Schmerzpunkte. Symptome sind Schmerzen und Steifheit, die sich typischerweise außerhalb der Gelenke befinden, sowie Erschöpfung und Schlafstörungen. Schmerzen treten insbesondere im Nacken-Schulter-Bereich, entlang der Wirbelsäule sowie in den Hüften auf. Die Krankheit ist schwer zu diagnostizieren, weil die Symptome denen anderer Erkrankungen ähneln. Die Behandlung beschränkt sich meist auf einen besseren Umgang mit der Krankheit und kann nur selten eine Heilung bieten. In der Regel setzt sie sich zusammen aus Körperübungen, physikalischer Therapie und Medikamenten. Die Patienten aller nachfolgenden Fallstudien hatten die Diagnose Fibromyalgie.

Fallbeispiel 1 (PSK48)
Die Patientin, Ende Vierzig, litt unter chronischem Gesichtsschmerz. Wir setzten eine Kombination aus Standardaussagen und Fantasiebildern ein, um den Spannungsschmerz auf der rechten Gesichtshälfte, am Kiefer und der Stirn aufzulösen. Die Fantasiebilder zielten auf die Auflösung des Druckgefühls und bestanden aus einem sich auflösenden Ei, der Unterstützung von Geisthelfern beim Entfernen eines ganzen Sees voller schwarzem Zeug und der Hilfe eines Schweißers in Engelsgestalt, der die Eisenplatte entfernte, die das Gehirn der Patientin spaltete. Nach einer Dreiviertelstunde war sie schmerzfrei und sagte: »Es fühlt sich äußerst ungewohnt an ohne den Schmerz.«

Fallbeispiel 2 (P26450)
Die Patientin war seit fünf Jahren an Fibromyalgie erkrankt und klagte über wandernde Schmerzen in zwölf der maximal vierzehn bei Fibromyalgie druckschmerzhaften Punkte. Die Sitzung fand über das Telefon statt, und der Patientin wurde zunächst erklärt, wie die Dynamind-Technik funktioniert. Zum Zeitpunkt der Sitzung bewertete sie die Schmerzintensität mit sechseinhalb Punkten. Als erste Aussage

wählte die Patientin: »Ich spüre Dumpfheit und Brennen von meinem rechten Knie bis zu meinem rechten Knöchel. Ich weiß, dass sich das ändern kann. Ich will, dass dieses Gefühl von Dumpfheit und Brennen verschwindet.« Mit dieser Runde reduzierte sie den Schmerzpegel auf vier. Für die zweite Runde veränderte sie die Aussage durch die Formulierung »Ich habe mir selbst bewiesen, dass sich mein Zustand ändern kann ...« Danach blieb nur »ein winziges Taubheitsgefühl« zurück. Während des sich anschließenden etwa zwanzigminütigen Gesprächs traten keine weiteren Veränderungen ein.

Fallbeispiel 3 (P26451)
Bei eine achtundvierzigjährigen Frau war erst kürzlich Fibromyalgie diagnostiziert worden. Die Arbeit an den einhergehenden Symptomen begann nach sechs Runden Dynamind für die Reduktion von Schmerzen im Knie (von vier auf eins) und im Fuß (von vier auf zwei), die zurückgingen auf einen Autounfall. Die Patientin wollte an einem viermonatigen stechenden Dauerschmerz ober- und unterhalb ihres linken Ellbogens arbeiten, der sie daran hinderte, irgendetwas zu heben. Da sie während der Sitzung mit diesem Arm bereits ein Buch und ein Glas Wasser angehoben hatte, wurde sie gebeten, die Schmerzintensität dieser Tätigkeiten anhand der Skala zu bewerten: Sie gab dem Heben des Buches acht und dem Heben des Glases sechs Punkte. Nach zwei Runden mit Standardaussagen reduzierte sich ihre Bewertung auf vier beziehungsweise drei. Zwar entschloss sie sich, die Behandlung an dieser Stelle abzubrechen, doch ist es bemerkenswert, dass ihr in einer nur einminütigen Behandlung mit der Dynamind-Technik eine Schmerzreduktion um fünfzig Prozent gelang.

Persönliche Berichte

Migräne (PX53)
Am Tag nach meiner Teilnahme an Serges Dynamind-Workshop, ging ich zu einer geschäftlichen Frühstücksverabredung, wo sich eine Kollegin über Migräne beklagte. Ich ging mit ihr an den Fluss und bat sie, die Schmerzintensität mit ein bis zehn Punkte zu bewerten. Sie sagte, zweihundert! Ich führte sie durch den Dynamind Prozess, und innerhalb einer Viertelstunde sank das Schmerzniveau auf vier. Nicht schlecht, für ein erstes Mal!

Schmerzen im Bein (PX54)
Ich probierte die Dynamind-Technik an mir selbst aus, und erzielte ein gutes Ergebnis. Ich hatte mir eine Zerrung im Oberschenkel zugezogen. Die Schwellung drückte auf einen Nerv, und verursachte stechende Schmerzen. Auf einer Skala von eins bis zehn hatte ich ihn als eine Acht eingestuft. Ich machte zwei Runden Dynamind, und der Schmerz war vollständig verschwunden. Welche Erleichterung!

Rauchvergiftung (PX55)
Ich wollte Ihnen von meiner Erfahrung bei der Anwendung der Dynamind-Technik berichten. Ich hatte Rauch eingeatmet, der in meinem Hals und in meinem Lungen brannte und starken Hustenreiz verursachte. Als ich den Prozess durchlief und zu der Stelle kam, wo ich dem Schmerz sage, dass er weggehen soll, spürte ich einen starken Drang, ihn stattdessen zum Heilen aufzufordern. Ich sprach es laut aus und ging dann zum Klopfen über. Es war unglaublich! Erst hatte ich das Gefühl, tief in das Schmerzgefühl hineinzugehen, und dann begann er sich von innen nach außen hin aufzulösen. Ich musste den Prozess nur einmal wiederholen, um den Schmerz zu fünfundneunzig Prozent zu verringern. Es war eine großartige Erfahrung, die mich lehrte, welche Formulierungen und Bilder in der jeweiligen Situation am besten funktionieren.

/ 4

Andere Beschwerden lindern

Außer in der Schmerzreduktion zeigte sich die Dynamind-Technik bisher erfolgreich bei der Behandlung einer ganzen Reihe physischer Beschwerden. In diesem Kapitel soll die Wirkweise der Methode anhand von Fallgeschichten aus unterschiedlichen medizinischen Bereichen fassbar gemacht werden. Geschildert werden reine Symptombekämpfung, emotionale Verschiebungen oder der Einbau vermuteter Emotionen in die Standardaussage und der Gebrauch von Fantasiebildern. Die hier vorgestellten Fallgeschichten können natürlich nur eine Kostprobe für all die zahllosen diagnostizierten Krankheiten geben, zu deren Behandlung die Dynamind-Technik bisher herangezogen wurde. Außerdem darf man nicht vergessen, dass hier vor allem solche Fälle mit positivem Ausgang beschrieben werden, dass Dynamind aber durchaus nicht für jedermann funktionieren muss und dass die Methode dort die größte Wirkung zeigt, wo die Auflösung von Spannungen zur Verbesserung des Allgemeinbefindens beitragen kann.

Tinnitus

Tinnitus ist der Fachausdruck für Ohrgeräusche, die man in einem oder in beiden Ohren beziehungsweise im Kopf »hört«, obwohl objektiv keinerlei Außengeräusche vorhanden sind. Am häufigsten verbreitet scheinen klingelnde Geräusche zu sein, doch klagen Patienten auch über Sausen, Brummen, Rauschen, Zischen, Zirpen und Pfeifen. Das Geräusch kann gelegentlich, wiederkehrend oder fortgesetzt auftreten, aus einem oder mehreren verschiedenen Tönen bestehen, leise und erträglich oder laut und unerträglich sein.

Gemäß der Amerikanischen Tinnitus Gesellschaft sind die physiologischen Ursachen der Krankheit nicht bekannt. Allerdings scheint ein Zusammenhang zu bestehen zwischen Ohrgeräuschen und einem hohen Lärmpegel, dem man mehr oder weniger regelmäßig ausgesetzt ist. Andere Einfluss nehmende Faktoren sind die Verstopfung des Ohrkanals mit Ohrenschmalz, die Nebenwirkungen bestimmter Medikamente, Ohr- oder Nebenhöhlenentzündungen, Kieferstellungsfehler, Herz-/Gefäßerkrankungen, bestimmte Tumorarten und Kopf- beziehungsweise Halstraumata.

Ein anerkanntes Heilverfahren gibt es nicht, doch haben manche Patienten Erleichterung erfahren durch so unterschiedliche Mittel wie Nahrungsergänzungspräparate, Akupunktur, Magnettherapie, Hypnose, Biofeedback, Elektrodenimplantation, Verhaltensänderungen, Korrektur der Kieferstellung und Tinnitus Retraining Therapie (die zwölf bis vierundzwanzig Monate dauern kann).

In meinem Buch *Instant Heilung Jetzt!* habe ich bereits darauf hingewiesen: Wenn mit verschiedenen Behandlungsmethoden ein und dasselbe Verbesserung erreicht wird, dann ist die Wahrscheinlichkeit groß, dass auch der Weg dorthin ein und derselbe ist. Aus offensichtlichen Gründen fällt mir zu Tinnitus natürlich auch Spannungsauflösung ein.

Mein erster Versuch, einem Tinnituskranken mit der Dynamind-Technik zu helfen, war nicht besonders erfolgreich, obwohl ich auch vermutete Emotionen einbaute und Fantasiebildarbeit mit einschloss. Dieses Ergebnis drängte mir die Frage auf, wo die Spannung wohl zu lokalisieren war. Dann, eines Tages, als ich gerade am Schreibtisch saß, legte ich meinen Kopf weit in den Nacken und streckte mich, und plötzlich spürte ich die typischen Tinnitussymptome. Als ich meinen Kopf wieder aufrichtete, waren sie verschwunden. Seither habe ich herausgefunden, dass die meisten Menschen Ähnliches erleben. Als ich über die Ursache nachdachte, wurde mir klar, dass ich durch meine Kopfbewegung offenbar meine Nacken- und Schultermuskulatur überanstrengt hatte. Also vermutete ich, dass eine ausreichend hohe Überlastung möglicherweise Tinnitus, wenigstens bei manchen Menschen, auslösen könnte. Tatsächlich habe ich beobachtet, dass die Tinnitusbekämpfung bessere Resultate erzielt, wenn zunächst für eine Entspannung der Nacken- und Schultermuskulatur gesorgt wird. In manchen der nachfolgend beschriebenen Fallbeispiele wird dies möglicherweise nicht sofort sichtbar, doch halte ich diesen Aspekt für einen wesentlichen Faktor.

Fallbeispiel 1 (OSK01)
Eine Tinnituspatientin mittleren Alters erhielt zwei Runden Dynamind mit Standardaussagen, ohne dass eine Verbesserung erzielt wurde. Ich fragte sie, ob sie irgendwo im Körper irgendetwas wahrnehme, wenn sie an ihren Tinnitus dachte, und sie erwiderte, dass sie Steifheit und Schmerzen in der linken Nackenseite und in der Schulter spüre. Wir behoben beide Symptome mit Standardaussagen, und ihr Gesicht leuchtete auf vor Freude und Erleichterung, als die Spannung nachließ.

Danach kehrten wir zurück zu ihrem Tinnitus, und ich wollte von ihr wissen, an was die Geräusche, die sie hörte, sie erinnerten. Sie verglich sie mit einer Flugzeugturbine, und ich schlug ihr vor, die Leistung der Turbine zu drosseln. Sie versuchte es, scheiterte jedoch, weil die Verbindungszüge, wie sie erklärte, gerissen waren. Ich schlug ihr vor, einen Engelmechaniker zu Hilfe zu rufen, und dieser Schritt verschaffte ihr einige Erleichterung. Sie entschied sich, auf eigene Faust mit der Dynamind-Technik weiterzuarbeiten.

Fallbeispiel 2 (O39205)
Ein Mann hörte aufgrund einer Bombenexplosion während des Krieges seit zwanzig Jahren ein Klingeln in beiden Ohren. Manchmal war das Klingeln ohrenbetäubend, und die Ärzte sagten, dass er ein Loch im Trommelfell habe, was seinen Zustand unheilbar mache. Der Dynamind-Praktiker verwendete eine Kombination aus »Meine Ohren haben Angst …« und »Meine Ohren sind gestresst …« sowie zusätzlich das Fantasiebild eines Radiolautstärkenreglers, um die Lautstärke

zu senken. Es waren fünfzehn Runden erforderlich, um die Intensität auf der Skala von zehn auf zwei zu senken – ein achtzigprozentiger Erfolg innerhalb von nur einer halben Stunde. Irgendwann berichtete der Patient, dass das Klingelgeräusch an Lautstärke wieder zunahm, wenn er unter Stress stand, dass es ihm jedoch mit Hilfe der Dynamind-Technik gelinge, es zu einem »leisen Hintergrundgeräusch« zu reduzieren.

Fallbeispiel 3 (O12407)
Eine fünfundvierzigjährige Frau litt seit etwa acht Jahren unter Tinnitus in beiden Ohren und bewertete die Intensität mit sieben Punkten. Bevor die Arbeit an ihrem eigentlichen Leiden begann, half der Therapeut der Patientin, physische und emotionale Spannung umfassend aufzulösen. Die erste Runde, in der sie sich auf die Ohrgeräusche konzentrierten, erbrachte keine Veränderung. In der zweiten Runde verwendeten sie die gleiche Standardaussage, ergänzten sie jedoch um Fantasiebilder. Der Therapeut schlug einen Radiolautstärkenregler vor, doch die Patientin sagte, das Geräusch höre sich mehr an wie ein Wasserfall und sie könne sich vorstellen, den Fluss umzuleiten, damit er einen anderen Weg nähme. Dieses Bild wurde übernommen, und die Geräuschintensität ließ sich so auf drei reduzieren. In der dritten Runde kam folgende Aussage zur Anwendung: »In meinen beiden Ohren nehme ich noch immer die Geräusche eines Wasserfalls sowie große Spannung und Druck wahr, doch das kann sich ändern. Ich will diese Geräusche nicht mehr länger hören und diesen Druck nicht mehr länger spüren.« Nach dieser Runde waren die Ohrgeräusche vollständig verschwunden.

Dieses Beispiel zeigt, wie wichtig es bei der Heilung mit Dynamind ist, Formulierungen und Bilder des Patienten zu nutzen oder sie aus seinen Aussagen abzuleiten.

Atemwegserkrankungen

In diesem Abschnitt sind Beschwerden zusammengefasst, die in den Bereich Atemlosigkeit, Asthma, Neben-, Stirn- und Kieferhöhlenentzündungen, chronische Nasenverstopfung und andere Atemwegserkrankungen fallen. Schmerzen, wenn sie zu den Symptomen gehören, sind hier nur von sekundärem Interesse.

Verstopfte Nase (O39211)
Eine Frau schlug sich mit einer ganz und gar verstopften Nase herum und fühlte sich außerdem schwach und zittrig, als sei eine Erkältung im Anmarsch. Eine Standardaussage mit der Formulierung, »Meine Nase ist verstopft ...«, brachte ihr in der ersten Runde ein wenig Erleichterung und machte ihr in der zweiten das Atmen etwas leichter. In der nächsten Runde wurde mit »Ich fühle mich schlecht ...« experimentiert, um ihre allgemeine Schwäche und Zittrigkeit anzusprechen, doch blieb eine positive Wirkung aus. Dann erwähnte die Patientin, dass sie den ganzen Tag mit ihrem Chef hatte zusammenarbeiten müssen. Dies führte den Dynamind-Praktiker zu der Vermutung, ob sie möglicherweise auf ihren Chef wütend war. Eine entsprechende Standardaussage mit eingebauter vermuteter Emotion in der vierten Runde sorgte dafür, dass sie sich erheblich besser fühlte.

Allgemeine Erkältungssymptome (O12413)
Ein fünfzehnjähriges Mädchen bereitete sich, ein paar Jahre nach der Scheidung der Eltern, darauf vor, von einem Elternteil zum anderen umzuziehen. Während dieser Zeit wurde sie von einer verstopften Nase, Hals- und Brustschmerzen, Kopfschmerzen und Erschöpfung gequält und bewertete die Intensität ihrer Symptome mit neun Punkten. Die Symptome ähnelten denen einer Allergie oder Erkältung, doch auch unterdrückte Wut war nahe liegend. Folglich begann die Sitzung mit einer im Hinblick auf die Wut erweiterten Standardaussage: »Ich spüre Wut in meinem Körper ...« Der Intensitätsgrad ging zurück auf acht. In der nächsten Runde kam eine Entschlussaussage zum Einsatz, der ich den Namen »Blankovergebung« gab und die bis-

her als Bestandteil der Dynamind-Technik noch nicht verwendet worden war. »Womit auch immer meine Symptome zusammenhängen, ich vergebe den beteiligten Umständen und Personen alles. Was sich ereignet hat, spielt keine Rolle mehr.« Nach dieser Aussage und dem anschließenden Klopfen und Atmen sank der Intensitätsgrad auf zwei. Doch die Nase war noch immer verstopft. In der dritten Runde verwendete die Patientin die Aussage: »In meiner Nase ist noch immer Wut ...«, und das Intensitätsniveau fiel auf null. Sich anschließende Beobachtungen offenbarten sogar noch weitere Veränderungen. Bis zur Dynamind Sitzung waren die Hände des Mädchens von einem dunklen Rot gewesen – von einem Hautarzt als Neurodermitis diagnostiziert. Nach der Sitzung kehrten die Hände zu ihrer normalen Färbung zurück. Auch ihre krampfartigen Menstruationsschmerzen hörten bald darauf auf.

Nebenhöhlenentzündung (O25814)

Eine Patientin war an einer Nebenhöhlenentzündung erkrankt, der sie auf der Intensitätsskala die Note acht gab. Für die erste Runde einigte sie sich mit ihrem Therapeuten auf die Standardaussage »Ich spüre Schmerzen unter meinen Wangenknochen ...«, und die Symptome verwandelten sich in ein Pulsieren der Intensität zwei. Nach der zweiten Runde wanderte das Symptom in die Ohren und war nun ein Druckgefühl, weiterhin der Intensität zwei. Weitere Runden offenbarten vorhandene Spannungsschichten wie etwa das Pulsieren in einem Zahn, ein langsames Klopfen in den Stirnhöhlen und ein Druckgefühl um die Augen. Das veranlasste den Therapeuten auf die Möglichkeit hinzuweisen, dass die Schmerzen emotional aufgeladen sein und auf verborgene Wutgefühle hinweisen könnten. Daraufhin bewirkte die nächste Runde mit einer entsprechend variierten Standardaussage ein Traurigkeitsgefühl, das die gesamte rechte Gesichtshälfte der Patientin besetzte. Die nachfolgende Runde sprach dieses Gefühl an und bewirkte Weinen und die Auflösung sämtlicher Symptome. Die Patientin sagte: »Ich hatte keine Ahnung, dass meine Nebenhöhlenbeschwerden eine derart emotionale Komponente haben könnten.«

Hustenanfall (O69216)

Einer unserer Dynamind-Praktiker saß mit einem Freund im Kino, als der Freund plötzlich einen fürchterlichen Hustenanfall erlitt. Der Freund wollte schon hinausgehen, um die anderen Kinobesucher nicht zu stören, da erklärte ihm der Therapeut die Dynamind-Technik. Der zum Patienten gewordene Freund entschied sich für die Standardaussagen »Da ist ein Jucken in meinem Hals ...« und »Da ist ein entsetzliches Jucken in meinem Hals ...«, und der Hustenanfall ließ sofort nach. Der Therapeut beobachtete im Laufe der Vorführung mehrmals, wie der Freund die vier Punkte abklopfte, und später erklärte ihm der Freund, dass er seine Aussagen im Geiste gesprochen habe. »Wir hatten«, berichtete der Therapeut später, »einen sehr ruhigen Abend fast ganz ohne Husten.«

Asthmaanfall (O41919)

Der Patient war in den Vierzigern, heroinabhängig und machte gerade eine niedrig dosierte Methadon-Kur. Er kam zu einer vereinbarten Sitzung, wollte jedoch sogleich wieder gehen, weil er einen Asthmaanfall bekam. Als er sich dann doch auf die Dynamind-Technik einließ, wurden in der ersten Runde seine Atembeschwerden thematisiert, was ihm eine gewisse Erleichterung verschaffte. Dennoch wollte er nach Hause, um sich an sein Beatmungsgerät anzuschließen. Als der Therapeut vorschlug, an der mit seinem Asthma verbundenen Angst zu arbeiten, ließ sich der Patient darauf ein, und in der nächsten Runde verwendeten sie die Standardaussage »Ich habe ein Problem mit Angst ...« Damit gelang es dem Patienten, die Beschwerden auf nur zehn Prozent ihrer ursprünglichen Intensität zu senken. In diesem Augenblick stellte er fest, dass er einen verkrampften Rücken hatte, also widmeten sie die dritte Runde diesem Symptom. Danach fühlte sich der Patient viel entspannter und fähig, die Bilder an der Wand wahrzunehmen, die ihm zuerst, als er den Raum betreten hatte, gar nicht aufgefallen waren. Seine Atembeschwerden waren verschwunden.

Darmbeschwerden

Es gibt ein breites Spektrum unterschiedlichster Darmbeschwerden, die von der Schulmedizin allesamt auf bestimmte physische Ursachen entweder bakterieller, viraler oder funktionaler Natur zurückgeführt werden. In der Behandlung dieser Beschwerden sind Medikamente und chirurgische Eingriffe weiterhin die erste Wahl. Ohne das Vorhandensein physischer Stressoren zu leugnen, möchte ich darauf hinweisen, dass die Auflösung von Stressoren, die durch emotionale Spannungen verursacht sind, das Problem häufig gänzlich behebt. Auch in diesem Kapitel sind die möglicherweise einhergehenden Schmerzen gegenüber den eigentlichen Beschwerden zweitrangig.

Magenbeschwerden (O12422)
Die Patientin, neunundzwanzig Jahre alt und bereits Mutter von drei Kindern, war in der zehnten Woche schwanger. Während des Einführungsgesprächs berichtete sie, dass sie unter Schuldgefühlen litte, weil sie Schwierigkeiten mit den Kindern habe und Geldsorgen, da ihr Mann sich noch in der Berufsausbildung befinde. Außerdem sei sie perfektionistisch veranlagt. Ihre Magenbeschwerden stufte sie mit Intensitätsgrad neun ein. Mit Runde eins wurden die Zweifel angesprochen, die sich in ihrem Körper festgesetzt hatten, und der Intensitätsgrad sank auf sechs. Die zweite Runde thematisierte ihre Ängste und reduzierte ihre Beschwerden auf vier. Mit der nächsten Runde wurde die Wut in ihrem Körper angesprochen, und sie klassifizierte ihre Magenbeschwerden nun mit eins. Die Aussage für die letzte Runde lautete: »Wenn ich an meinen Mann denke, dann spüre ich Wut und Schmerz in meinem Bauch ...« Damit war das Symptom verschwunden, und sie war nun erfüllt von einem angenehmen Gefühl der Leichtigkeit.

Divertikelentzündung (O81824)
Bei einem fünfundfünfzigjährigen Patienten waren vor mehreren Monaten Entzündungen im Darmbereich diagnostiziert worden. Er erklärte, dass er als Firmentrainer einen sehr verantwortungsvollen

Posten habe, den er sehr ernst nehme, und dass er nicht gerne Verantwortung an andere delegiere. Seine Schmerzen bewertete er mit Grad sechs bis sieben. Der Mann hatte an jenem Tag nur Zeit für eine Runde, weil er zu einer Geschäftsreise aufbrechen musste. Also wählte der Therapeut eine Standardaussage, die Bezug auf die Entzündung nahm, und konnte das Schmerzniveau auf drei senken. Dem Patienten wurde schriftlichen Anweisungen über die Anwendung der Dynamind-Technik mitgegeben, damit er an seinem Problem selbständig weiterarbeiten konnte. Drei Wochen später meldete sich der Patient mit der Neuigkeit, dass die Entzündung dank Dynamind verschwunden war. Außerdem erwähnte er, dass er sich entschlossen hatte, mehr an andere zu delegieren, um seine Arbeitsbelastung zu reduzieren.

Darmwinde (O26425)
Dieser Fall ist ein gutes Beispiel dafür, wie Stress- und Spannungsschichten funktionieren. Die fünfundsechzigjährige Patientin litt seit dreißig Jahren unter Darmstörungen, die sie daran hinderten, sich allzu weit und für allzu lange Zeit von der nächsten Toilette zu entfernen. Ihre Beschwerden bewertete sie mit Grad sechs. Die in der ersten Runde eingesetzte Aussage lautete: »Ich spüre einen gereizten, aufgeblähten Druck im gesamten Darmbereich von der Taille abwärts. Doch das kann sich ändern. Ich will, dass das Gefühl verschwindet.« Das Druckgefühl war unverändert, und die Patientin erklärte, dass sie Mühe habe, mit ihrem Atem tiefer als bis zu ihrer Taille zu gelangen (im Atemschritt jeder Runde soll die Atemluft vom Scheitel des Kopf bis in die Füße geschickt werden).

Für die zweite Runde wurde eine ähnliche Aussage verwendet wie in der vorangehenden, doch diesmal schlug der Therapeut der Patientin vor, nicht einfach nur zu atmen, sondern die Luft »hinabzublasen«. Dies führte zu einer Verschiebung auf eine neue Stressschicht. Dieses Mal handelte es sich um Übelkeit und Schmerzen mit Intensitätsgrad drei im oberen Magenbereich und in der Mitte des Brustkorbs.

In der dritten Runde kam eine entsprechende Aussage unter Betonung des Atems zur Anwendung. Die Übelkeit verschwand, doch der

Schmerz blieb und verband sich mit dem neuen Symptom des »Gurgelns«.

Runde vier löste die Schmerzen auf. Zurück blieb ein Druckgefühl (Grad drei) im Rücken auf Taillenhöhe im Nierenbereich. Eine weitere Runde löste das Druckgefühl auf, und die Patientin berichtete, dass sie spüre, wie eine Gasblase entlang der Vorderseite ihres Körpers nach oben steige, als wolle sie sich verflüchtigen. In diesem Augenblick musste die Patientin aufstoßen, was ihr nur selten gelang, und ausführlich gähnen (Gähnen ist eine deutliche Reaktion auf Spannungsabbau).

Die sechste Runde widmete sich dem unangenehmen Gefühl in ihrer Speiseröhre und verlagerte das Symptom in die Mitte ihrer Brust, wo sie nun ein Druckgefühl zweiten Grades empfand. Nach der siebten Runde war das Druckgefühl »nur mehr ein Schatten seiner selbst, und kaum mit Grad eins zu bewerten«.

Sodbrennen (O55528)

Bei Sodbrennen steigt Magensaft in die Speiseröhre auf und verursacht ein Brennen im Brustraum und/oder im unteren Bereich des Halses. Normalerweise unterbindet ein Muskel am unteren Ende der Speiseröhre das Aufsteigen von Magensäure, doch manchmal kann dieser Muskel funktionsgestört sein. Vermehrt tritt Sodbrennen während der Schwangerschaft auf, aber auch bedingt durch Rauchen, nach dem Genuss reichhaltiger Mahlzeiten (vor allem kurz vor dem Zubettgehen), bei Übergewicht, häufigem Nach-Vorne-Beugen oder beim Tragen eng taillierter Kleidungsstücke. Für gewöhnlich werden gegen Sodbrennen Säure neutralisierende Medikamente gegeben. Gelegentlich machen schwerere Fälle einen operativen Eingriff erforderlich.

Zu dieser Sitzung kam eine fünfundfünfzigjährige Frau, die immerhin so stark mit Sodbrennen kämpfte, dass ihr Arzt sie auf Tabletten gesetzt hatte. Bei ihrer Ankunft spürte sie den Schmerz und Druck des Symptoms, hatte jedoch ihre Medikamente nicht zur Hand. In der ersten Runde kam eine Standardaussage gegen die Schmerzen zum Einsatz, und sie fühlte sich etwas besser. Mehrere weitere Runden reduzierten Schmerz und Problem soweit, bis beides verschwunden war. In der darauf folgenden Nacht trat das Sodbrennen neuerlich auf. Doch statt wie sonst nach ihren Tabletten zu greifen, machte sie Dynamind mit der Standardaussage »Aufsteigende Magensäure bereitet mir Schwierigkeiten ...« Nach nur einer Runde war das Problem behoben, und sie konnte weiterschlafen. Ein paar Wochen später berichtete sie, dass sie auch weiterhin statt der Tabletten die Dynamind-Technik einsetzte, und dass sie mit dem Ergebnis äußerst zufrieden sei.

Möglicherweise stört Stressspannung den Muskel am Magenausgang und er wird unfähig, die Magensäure unten zu halten. Sobald mit der Dynamind-Technik die Spannung aufgelöst wird, kann der Muskel wieder wie gewohnt funktionieren.

Allergien und Hautprobleme

Während sich die meisten Theorien zur Herkunft von Allergien und Hautproblemen auf die Reaktion auf Substanzen stützen, habe ich bei mir selbst und anderen gute Erfahrungen mit dem Auflösen physischer und emotionaler Spannungen gemacht.

Herpes (O15229)
Herpes wird durch eine Virusinfektion verursacht, die insbesondere im Bereich der Lippen und Nase viele kleine Bläschen bildet, die zu Krusten eintrocknen und nach sechs bis zehn Tagen narbenlos abheilen. Die einzige von der Schulmedizin angebotene Gegenmaßnahme besteht aus der Behandlung mit einer antiviralen Salbe. Darüber hinaus bleibt dem Patienten nur zu warten, bis die Symptome von allein wieder abklingen. Ich persönlich habe mit Volksheilmitteln wie dem Betupfen mit Magermilch experimentiert, was die Heilung geringfügig zu beschleunigen schien. Ein sehr viel besseres Ergebnis habe ich jedoch erzielt, als ich mich beim ersten Anzeichen von Herpes die Dynamind-Methode anwendete.

In diesem Fall ging es um einen Patienten in den Fünfzigern, der die Herpesbläschen auf seiner Unterlippe zweieinhalb Wochen lang nicht loswurde. Die ersten beiden Runden Dynamind-Technik mit entsprechenden Standardaussagen zeigten keine Wirkung, doch bei der dritten Runde setzte der Patient ein Bild des Schrumpfens ein und das war von einigem Erfolg. Im Laufe der nächsten paar Stunden trockneten die Bläschen ab und sahen kleiner aus, doch am nächsten Tag waren sie aufgeplatzt. Der Patient arbeitete auf eigene Faust weiter mit der Dynamind-Technik und erreichte, dass die Bläschen neuerlich austrockneten und nur noch halb so groß waren. Fünf Tage nach der Sitzung war die Infektion vollständig abgeklungen.

Ekzem (O69231)

Einem Mann mittleren Alters verursachte ein Ekzem am rechten Handgelenk unerträglichen Juckreiz der Intensitätsstufe neuneinhalb. Er hatte sich bereits blutig gekratzt. In der ersten Runde wurde das Wort »Ekzem« in die Standardaussage eingefügt, ohne eine Veränderung zu bewirken. Daraufhin ersetzten Therapeut und Patient es durch »Jucken« und erreichten eine erhebliche Verbesserung. Mehrere weitere Wiederholungsrunden beendeten den Juckreiz fast vollständig, und sogar die Wunde sah besser aus. Nach einem weiteren Tag ohne Behandlung war der Schorf weitgehend verschwunden.

Dieser Fall macht deutlich, worauf ich bereits in einem der vorangegangenen Kapitel hingewiesen habe. Es ist sinnvoller, in der Aussage eine Empfindung wie »Jucken« zu beschreiben als sich auf einen abstrakten Begriff wie »Ekzem« zu stützen. Fast immer sind die Ergebnisse besser, wenn wir Zustände beschreiben statt uns auf Fachbegriffe zu verlassen. Nur das Wort »Problem« zeigt konstant gute Resultate. Die Ursache hierfür könnte sein, dass das Wort »Problem« im Patienten ein recht eindeutiges Bild auslöst, während Begriffe wie »Ekzem« dies nur bei einer entsprechend vorgebildeten Person wie einem Dermatologen tun würden.

Stauballergie (O12433)
Ein achtzehnjähriger Tischler hatte Probleme mit einem hartnäckigen Reizhusten, der von einem Arzt als Allergie gegen Bau- und Holzstaub diagnostiziert worden war. Im Einführungsgespräch, das der junge Mann mit dem Dynamind-Praktiker führte, wurde offensichtlich, dass er seinem Chef und seinem Vater gegenüber starke Wutgefühle hatte. Folgerichtig richtete sich die erste Runde allgemein auf die Wut in seinem Körper und die zweite spezifischer auf die Wut in seinen Lungen. Das Husten hörte auf. In der dritten Runde verwendeten sie die Blankovergebung: »Was immer mein Vater und mein Chef mir getan oder nicht getan haben, ich vergebe ihnen alles. Es ist mir nicht mehr wichtig.« Im Anschluss an die Dynamind Sitzung bekam er eine zweistündige hawaiische Massage. Ein paar Tage später rief er mit der Mitteilung an, dass eine Blutprobe, die der Arzt hatte nehmen lassen, um die allergenen Stoffe zu bestimmen, negativ zurückgekommen war. In der Folge gelang es dem Patienten, ein wenig an Gewicht zuzunehmen und seiner Arbeit mit weniger Stress nachzugehen.

Augenerkrankungen

Einer meiner besten Freunde ist Augenarzt, und obwohl er sich ernsthaft mit der Körper-Geist-Verbindung auseinandersetzt, haben wir trotzdem freundschaftliche Meinungsverschiedenheiten darüber, wie stark der Einfluss von physischer und emotionaler Spannungsauflösung auf die Heilung der Augen sein kann.

Allgemeine Sehschwäche (O69236)
Eine Frau mittleren Alters beobachtete seit mehreren Monaten, dass das Leistungsvermögen ihres rechten Auges immer weiter nachließ – insbesondere in stressigen Situationen. Bevor sie zur Sitzung kam, hatte sie erfolglos mit Spezialbrillen experimentiert. Sie bewertete ihr Problem mit Intensitätsgrad acht. Als erste Aussage nutzte sie, »In

meinem rechten Auge ist eine Spannung ...«, doch ein besseres Ergebnis erzielte sie mit einem Einfall, der sich aus der ersten Runde ergab: »Mein rechtes Auge hat eine Schwäche, die mein Vater ebenfalls hatte, doch das kann sich ändern. Ich will, dass sich alle karmischen Einflüsse auflösen.« Während der nächsten zwei Wochen nutzte sie diese Aussage in ihrer selbständigen Dynamind-Arbeit und berichtete, dass sie kaum jemals wieder auf ihre Spezialbrille zurückgreifen musste. Sie war entschlossen, den Dynamind-Prozess fortzusetzen, bis ihre Augen vollständig geheilt waren.

Kurzsichtigkeit (OSK37)

Eine Frau in den Dreißigern kam während eines Workshops auf die Bühne. Ohne ihre Brille konnte sie, wenn sie auf die Zuschauer in der ersten Reihe blickte, nur ineinander verschwimmende Farbkleckse ausmachen. Ich forderte sie auf, zu Beginn des Prozesses die Augen zu schließen und sie erst nach dem Atemschritt wieder zu öffnen, um mögliche Verbesserungen leichter feststellen zu können. Die erste und die zweite Runde richteten sich an die Spannung in ihren Augen, und sie konnte danach die Formen der Personen im Publikum vage ausmachen. In der dritten Runde bediente ich mich eines Fantasiebildes, das ich schon oft bei Patienten mit vermuteter Spannung in den Augen angewandt habe. Ich bitte den Patienten, sich vorzustellen, dass sich seine Augen in Wirklichkeit am Ende zweier Tunnel an ihrem Hinterkopf befinden. Ich sagte ihr außerdem, dass sie nicht versuchen müssen, mit ihren Augen das Sehobjekt zu erreichen, sondern dass vielmehr das das Bild transportierende Licht ganz von allein bis zu ihnen kommt. Dann fordere ich sie auf, das Licht durch die Tunnel bis zu ihren Augen am Hinterkopf fallen zu lassen. Nach dieser Runde konnte die Patientin die einzelnen Personen in der ersten Reihe wesentlich deutlicher sehen.

Ich persönlich bin überzeugt, dass die Hauptursache mancher Sehbeschwerden in antrainierten schlechten Sehgewohnheiten zu finden ist.

Weitsichtigkeit (OSK39)
Ein anderer wichtiger Faktor bei Sehbeschwerden sind für manche Patienten die emotionalen Spannungen in Verbindung mit etwas, das sie nicht sehen wollen. Der nachfolgende Fall macht dies nur allzu deutlich.

Eine Frau in den Vierzigern konnte von der Bühne aus die Personen in der ersten Reihe ohne ihre Brille nicht deutlich erkennen. Runde eins thematisierte die Spannung in ihren Augen. Daraufhin gelang es ihr, die Personen auf der linken Seite der ersten Reihe ein wenig besser zu erkennen, nicht aber jene direkt vor ihr. In der zweiten Runde baute ich die vermutete Emotion ein, dass ihre Augen sich vor irgendetwas fürchteten, und ihr Sehvermögen nahm ab. Die dritte Runde absolvierten wir mit der Aussage: »Wovor auch immer meine Augen sich fürchten, es ist nicht mehr wichtig, und ich will fähig sein, meine Augen ohne Angst zu öffnen.« Sie fing an zu weinen, und in ihrem Oberkörper machte sich ein Gefühl der Traurigkeit breit. Runde vier sprach diese Traurigkeit an. Danach fühlte sie sich besser und konnte die Personen in der ersten Reihe klar erkennen.

Zickzacklinien (O69640)
Einer achtunddreißigjährigen Frau machten Zickzacklinien in ihrem Blickfeld zu schaffen. Es gibt eine Reihe von Sehstörungen, deren Erscheinungsbild meist ihr Namensgeber ist. Eine von ihnen ist das Sehen von Zickzacklinien im Blickfeld, in der medizinischen Fachsprache »ophthalmische Migräne« genannt – eine Migräne ohne Kopfschmerzen aber mit diesen typischen Sehstörungen. Als Verursacher wird meist die Lähmung eines Blutgefäßes im Gehirn angenommen. Ein Anfall dauert in der Regel um die zwei Stunden. Die besagte Patientin beschrieb dem Dynamind-Praktiker ihren Anfall am Telefon und bewertete ihn mit acht Punkten auf der Intensitätsskala. Für die erste Runde wählte sie die Standardaussage, »Ich sehe Zickzacklinien in meinem Blickfeld, doch das kann sich ändern. Ich will, dass sie aus meinem Blickfeld verschwinden.« Die Zahl der Zickzacklinien nahm daraufhin ab und die Intensität sank auf fünf. Da sie im Rahmen des

Telefonats erwähnte, dass sie Schwierigkeiten mit ihrem Mann und ihren Kindern habe, wurde dieser Umstand in der zweiten Runde eingebaut und die Standardaussage, »Wenn ich an meinen Mann und an meine Kinder denke, dann fühle ich mich überfordert …«, verwendet. Danach fühlte sie sich weit besser und sah ihre Sehbeschwerden auf drei reduziert. Eine Wiederholung dieser Aussage veranlasste sie, ihre Atmung als tief und lebenslustig und ihr Sehen als normal zu beschreiben. Sie fühlte sich nun entspannt und ihr Problem hatte sich somit innerhalb von Minuten vollständig aufgelöst.

Krebs

Trotz all des vielen Geldes, das bisher in die jahrzehntelange Erforschung dieser Krankheit gesteckt wurde, ist ihre Heilung bisher nur bedingt möglich. Konventionelle Behandlungsformen sind noch immer überwiegend Bestrahlungen und/oder die operative Entfernung von Tumoren, obgleich es inzwischen zahlreiche alternative Therapien gibt. Zudem gibt es eine Reihe von Fallbeschreibungen, bei denen Tumore verschwanden, weil eine drastische Umstellung der Lebensweise erfolgte, intensiv gebetet wurde, eine positive Erwartungshaltung vorlag oder aus schlicht und einfach unnachvollziehbaren Gründen. Leider lassen sich diese letzten Beispiele nicht so leicht wiederholen. Doch immerhin ist, wenigstens in manchen Medizinerkreisen, akzeptiert und bekannt, dass Angst und Wut eine wichtige Rolle bei der Bildung und Verbreitung von Krebszellen spielen, wenn man auch letztlich nicht genau weiß, wie maßgeblich diese Rolle und welcher Art sie ist. Die der Dynamind-Technik zugrunde liegende Vorstellung, dass Krankheit durch einen Spannungsaufbau im Körper verursacht wird, ist samt der Technik selbst im Zusammenhang mit Krebs noch nicht umfassend oder auch nur ansatzweise auf die Probe gestellt worden, doch wurden bei der Bekämpfung einiger mit der Krankheit einhergehender Symptome schon gute Ergebnisse erzielt.

Das Wort »Krebs« ist die Abstraktion einer ganzen Reihe von Spannungszuständen und Fehlfunktionen, und der Körper kann, wie wir bereits mehrfach gesehen haben, mit solchen Abstraktionen nicht viel anfangen. Das bedeutet, dass es für die Dynamind-Technik kaum der beste Weg sein kann, sich dem Krebs direkt zu nähern. Wenn also die Dynamind-Technik bei Krebspatienten zum Einsatz kommen soll, dann ist es die beste Herangehensweise, die Symptome sowie die dazugehörigen Gefühle und Sinneswahrnehmungen eines nach dem anderen anzugehen. Folglich könnte man arbeiten an Schmerzen, Übelkeit, Appetitlosigkeit, der Angst vor der Krankheit und ihren Konsequenzen, der mit ihr einhergehenden Wut und Hilflosigkeit, mit möglichen Schuldgefühlen und so fort. Man könnte die Kraftaussage nutzen, um den Kreislauf zu verbessern, die Größe des tastbaren Tumors zu verringern, den Heilungsprozess einer Wunde zu beschleunigen, den Körper in der Reaktion auf einzelne Behandlungsansätze anzuleiten und vieles mehr. Und man könnte an all den anderen Ängsten und an der Wut arbeiten, die sich möglicherweise in der betroffenen Person angesammelt haben. Denken Sie immer daran: Dynamind dient in erster Linie dem Spannungsabbau, und je geringer die Spannung ist, desto besser kann der Körper sich selbst heilen.

Es ist meine feste Meinung, dass man seine Zeit verschwendet, wenn man versucht, die Ursache für die Krebserkrankung zu finden, denn diese Suche führt einen nur zurück in die Vergangenheit. Der Krebs und seine Symptome sind *jetzt* da. Die Arbeit an den gegenwärtigen Symptomen bringt immer die besten Ergebnisse.

Krebssymptome (O12441)
Die Krebserkrankung eines dreiunddreißigjährigen Mannes hatte auf der Haut begonnen, sich über die Thymusdrüse weiterentwickelt und über die Wirbelsäule bis zu dem Gehirnbereich vorgearbeitet, der Epilepsie auslösen kann. Der Patient berichtete von gelegentlichen Anfällen, wie sie auch bei Epileptikern vorkommen, und von Schmerzen im Thymusbereich. In der Sitzung konzentrierte sich der Dynamind-Praktiker auf die Auflösung der physischen Spannung,

die Wut des Patienten, die sich auf seine Arbeit richtete, und sein Angst vor der Krankheit selbst. Nach der Sitzung fühlte sich der Patient entspannt und optimistisch.

Ein paar Tage später berichtete er, dass es ihm mit der Dynamind-Technik gelang, die epilepsieähnlichen Anfälle schon zu Beginn ihres Auftretens zu unterbinden. Nach einem Monat teilte er uns mit, dass die Anfälle, die zuvor fünfmal die Woche aufgetreten waren, inzwischen nur noch einmal im Monat vorkamen.

Negative Überzeugungen (O35142)

In diesem Fall konzentrierte sich die Sitzung auf die negativen Gefühle, die der Patient im Hinblick auf seine Erkrankung hatte. Es handelte sich um einen Mann mittleren Alters, der an Prostatakrebs erkrankt war. Er wollte an seiner starken Überzeugung arbeiten (er selbst bewertete sie mit achteinhalb), dass der Krebs unheilbar sei. Die erste Runde machte diese Überzeugung zum Thema und reduzierte ihre Intensität auf fünf. In der dritten Runde sollte die gleiche Aussage erneut verwendet werden, doch dem Patienten war seine negative Überzeugung inzwischen abhanden gekommen. Inzwischen war ihm jedoch seine massive Wut im Hinblick auf den Krebs bewusst geworden, und so bearbeitete Runde drei diese starken Gefühle. Am Ende der Sitzung fühlte sich der Patient sowohl von seinen negativen Vorstellungen als auch seiner Wut auf die Krankheit befreit.

Krebsangst (O35143)

Eine Frau Ende Vierzig hatte einen Magentumor verbunden mit äußerst starken Gefühlen der Angst, Wut und des Zornes (Intensitätsgrad zehn). Die Aussage in der ersten Runde lautete: »Wenn ich an den Tumor in meinem Magen denke, dann spüre ich Angst …« Keine Veränderung. In der zweiten Runde wurde »Angst« durch »Machtlosigkeit« ersetzt, doch auch hier gab es keinen Fortschritt. Runde drei richtete sich an ihre Überzeugung, dass sie keinen Einfluss auf ihren Zustand nehmen könne, doch damit verringerte sich der Intensitätsgrad lediglich auf neuneinhalb.

Diesen ersten Versuchen schloss sich ein Gespräch mit dem Therapeuten an, in dem die Frau Interesse an dem Vorschlag des Therapeuten zeigte, ihre Gefühle in Form von Mustern zu beschreiben. Außerdem stimmte sie zu, Symbole einzusetzen, die sie nach Bedarf verändern konnte. Die nächsten fünf Runden sprachen nacheinander die Muster ihres Widerstandes, ihres Stresses, ihrer Zweifel, ihrer Wut und ihrer Angst an. Für jedes Muster entwickelte sie ein Symbol und veränderte es nach eigenem Ermessen. Gegen Ende der Sitzung gab sie der Intensität ihrer Probleme den Wert eins.

Das Beispiel zeigt deutlich, wie wichtig es für den Patienten ist, die richtigen Worte zu finden, um Fortschritte machen zu können.

Gewichtsprobleme

Die meisten Gewichtsprobleme hängen zusammen mit der Schwierigkeit abzunehmen. Von einem rein physischen Standpunkt aus betrachtet ist die Lösung sehr einfach: Weniger Kalorien und Kohlenhydrate aufnehmen und mehr Bewegung. Das funktioniert immer. Nur leider machen die dazugehörigen Emotionen dem Erfolg allzu oft einen Strich durch die Rechnung. Das eigentliche Problem besteht nicht darin abzunehmen. Das eigentliche Problem sind die Gefühle, die zutage treten, wenn eine Gewichtsreduktion angestrebt wird. Fett beispielsweise kann weit mehr sein, als aufgesparte Energie. Viele Menschen vergraben darin ihre Ängste und ihre Wut. Sobald diese Gefühle erst einmal aufgelöst sind, ist das Abnehmen viel leichter. Doch solange der Zusammenhang zwischen Gefühlen und Fett nicht verstanden wird – oder der Betreffende diese Verbindung gar nicht erst herstellen will –, wird das Thema Übergewicht nicht enden und die Diätenindustrie sich weiter scheckig verdienen.

Hier ein paar Beispiele dafür, was man mit Dynamind erreichen kann.

Fallbeispiel 1 (O39244)
Eine übergewichtige Fünfzigjährige war jahrelang daran gescheitert abzunehmen. Sie begann ihre Dynamind-Sitzung mit der Aussage »Mein Körper hat einen Grund, mich übergewichtig zu halten, doch das kann sich ändern. Ich will, dass mein Körper einen besseren Weg findet, meine Probleme zu lösen.« Hinzu kamen etliche Runden mit Aussagen zu Ressentiments und Vergebung. In der Folge nahm sie vier Kilo ab, ohne Diät zu halten.

Fallbeispiel 2 (O25845)
Eine Patientin nutzte Dynamind, um ihr gewohnheitsmäßiges Überessen in den Griff zu bekommen. Hierzu bedient sie sich der Aussage: »Ich habe ein Verhaltensmuster, dass mich mehr essen lässt, als ich brauche, wenn ich unter Stress stehe ...« Zusätzlich nutzte sie Dynamind, um vor den Mahlzeiten Spannungen im Körper abzubauen. Sie berichtete später, weniger unter Ängsten und Wut zu leiden und seltener als früher über ihren eigentlichen Nahrungsbedarf hinaus zu essen.

Persönliche Berichte

Hören (OX49)
Ich muss Ihnen einfach schreiben, um Ihnen zu berichten, wie sich nach dem Workshop alles weiterentwickelt hat. Ich war die Frau mit dem Hörproblem. Sonntagabend nach dem Workshop sah ich mir im Fernsehen einen Film an. Ich lag auf der Seite, und mein gutes Ohr war oben. Nach einer Weile drehte ich mich um, so dass mein schlechtes Ohr oben war, und wie immer griff ich automatisch nach der Fernbedienung, um die Lautstärke hochzuschieben. Normalerweise muss ich die Lautstärke auf cirka sechzig stellen, um mit meinem schlechten rechten Ohr gut hören zu können. Wie groß war meine Überraschung als ich feststellte, dass ich auch bei dreiundvier-

zig schon ausgezeichnet hörte! Und so ist es seither geblieben. Manche sagen, es sei ein Wunder, denn ich habe im Laufe der Jahre vier Spezialisten aufgesucht. Irgendwie konnte ich es einfach nicht glauben, dass die Huna-Heilung von Dauer sein würde. Deshalb habe ich bis heute gewartet, um Ihnen von diesem Erfolg zu erzählen.

Operation (OX51)
Vor ein paar Monaten habe ich Ihnen geschrieben, um Sie um Ihre Hilfe bei der Heilung meines Knöchels zu bitten. Ich kam einfach nicht voran, und Sie gaben mir ein paar sehr gute Ratschläge, darunter auch eine Einführung in die Anwendung der Dynamind-Technik. Ich befolgte Ihre Ratschläge so gut ich konnte und machte zwar Fortschritte (mehr als mein Arzt mir zugetraut hätte), aber das innere Bild, das irgendetwas meinen Knöchel umklammerte, konnte ich einfach nicht abschütteln. Schließlich entschloss ich mich, mir einen Termin für die Operation geben zu lassen, obwohl ich mich dabei nicht wirklich wohlfühlte. Prompt wurde ich kurz vor dem Termin krank, und die OP musste verschoben werden. Merkwürdigerweise reagierten ein paar Freunde, denen ich davon erzählte, mit großer Erleichterung. Offenbar spürten auch sie, dass der richtige Zeitpunkt noch nicht da war.

Ich zögerte, mir einen neuen Termin geben zu lassen, weil ich noch immer das Gefühl hatte, irgendetwas falsch zu machen. Doch schließlich siegten die Schmerzen, und ich ließ mich neuerlich für die OP einplanen. Ich entschloss mich, wirklich alles zu tun, um der Sache auf den Grund zu gehen. Mein Knöchel und ich führten ein ernstes Gespräch miteinander, und ich erhielt die klare Aufforderung: Etwas klammert sich um den Knöchel, lass die Operation machen. Meine andere Seite, die nicht besonders scharf darauf war, eine Anästhesie zu bekommen und auf Krücken zu gehen, war enttäuscht darüber, dass ich nicht die Gelegenheit haben sollte, mich selbst zu heilen. Dann durchzuckte es mich plötzlich: Aber ich heile mich ja selbst; ich lasse mir lediglich von der Operation dabei helfen!

Da ich entschlossen war, die Sache diesmal wirklich hinter mich zu bringen, legte ich mir eine neue Einstellung dazu zu. Mehrere Wochen vor dem großen Tag begann ich Dynamind zu machen, um mich ausreichend zu entspannen und zu beruhigen.

Als die Operation dann stattfand, dauerte sie doppelt so lange wie geplant. Es lag an dem Narbengewebe, das den Knochen vollständig umklammert hielt, wer hätte das gedacht! Der Operateur hatte das nicht erwartet.

Nach der Operation kontrollierte ich mit der Dynamind-Technik die Übelkeit, deren Schritte ich jedoch nur im Geiste nachvollziehen konnte, weil ich mich nach der Narkose noch immer viel zu schwach fühlte. Schließlich erhielt ich eine Spritze gegen die Übelkeit, doch die Schwester sagte mir, ich sei der einzige Patient an diesem Tag, der sich nicht erbrochen habe.

Die Heimfahrt im Feierabendverkehr war eine echte Herausforderung, denn die Übelkeit hatte mich auch weiterhin fest im Griff. Schließlich kam mir zu Bewusstsein, was die Schwester gesagt hatte: die nächsten vierundzwanzig Stunden sollte ich besonders tief atmen, um die Reste des Narkosemittels möglichst rasch aus meinem Organismus zu vertreiben. Ich folgte ihrem Rat und verband ihn mit Dynamind Suggestionen – und die Übelkeit legte sich.

Heute wurden die Fäden gezogen, und die Schwester wunderte sich, wie gut die Heilung voranschritt. Dann machte ich meine ersten Schritte: Zum ersten Mal seit einem Jahr bewegte ich mich ohne diesen tiefen wühlenden Schmerz in meinem Knöchel. Deshalb möchte ich mich bei Ihnen für Ihre Hilfe bedanken und dafür, dass Sie mich in die Dynamind-Technik eingeführt haben. Dynamind hat mir wirklich geholfen und wird mich sicher weiterhin in meiner wunderbaren schnellen Genesung unterstützen.

Unterschiedliche Beschwerden

Manche Fälle lassen sich schlecht einordnen, weil verschiedene Beschwerden gleichzeitig auftreten. Deshalb möchte ich dieses Kapitel abschließen mit einem interessanten Fall, der sich plötzlich ergab. Außerdem ist er ein gutes Beispiel dafür, was man tun kann, wenn ein Patient aufgrund seines Zustands nicht in der Lage ist, die Dynamind-Technik selbst durchzuführen.

Akute Mandelentzündung (OSK47)
Meine Frau und ich saßen im Wartezimmer eines Wellness-Zentrums in einem Urlaubsort und warteten darauf, dass wir an die Reihe kämen, als ein etwa dreißigjähriger Mann aus einem der angrenzenden Räume gestolpert kam und sich auf dem Sofa neben uns zusammenrollte. Der Arzt des Ortes wurde gerufen und stellte fest, dass der Mann stark entzündete Mandeln hatte, die ihn am Schlucken und Sprechen hinderten, und außerdem hohes Fieber sowie starke Magenkrämpfe. Darüber hinaus litt er unter einer allgemeinen Schwäche, die ihn hinderte, sich auch nur aufzusetzen. Da wir uns auf einer kleinen Insel befanden, war der Arzt im Begriff, einen Hubschrauber zu bestellen, um den Mann ins nächste Krankenhaus schaffen zu lassen, da fragte mich der Hotelbesitzer, ob ich nicht erst etwas versuchen könnte. Der junge Arzt stimmte zögernd zu und gewährte mir eine Viertelstunde Zeit für »meinen Hokuspokus«.

Nun, es war natürlich keine Zauberei, sondern Dynamind. Ich setzte mich neben den Mann und fragte ihn, ob er mich versuchen lassen wolle, ihm zu helfen. Weil er nicht sprechen konnte, nickte er schwach mit dem Kopf. Mit leiser Stimme, die nur er hören konnte, schlug ich ihm Standardaussagen vor und begann mit seinem zugeschwollenen Hals. Seine Hände drückten sich krampfhaft auf seine Brust, daher konnte ich die Punkte für die Berührung nicht gut genug erreichen. Stattdessen klopfte ich auf seine Handrücken sowie links und rechts an seinen Hals, während ich mir im Geiste vorstellte, die vier Dynamind Punkte zu bearbeiten. Beim Atemschritt erklärte ich ihm, was ich tat, indem ich beim Einatmen seinen Scheitel berührte und beim Ausatmen seine Knie, der unterste Bereich seines Körpers, den ich erreichen konnte.

Ich erinnere mich nicht mehr, wie viele Runden wir machten, doch zunächst behoben wir die Schwellung, damit er schlucken und dann auch den Atemschritt mit mir gemeinsam machen konnte. Dann bearbeiteten wir das Fieber, die Magenkrämpfe und das Schwächegefühl. Als wir fertig waren, ziemlich genau eine Viertelstunde später, konnte er sich aufsetzen, ein wenig Wasser trinken, sich bedanken und alleine in sein Zimmer gehen. Nach Ablauf einer Woche, mit der Unterstützung einer Vielzahl von Wasser- und Entspannungsübungen, war er fähig, zu arbeiten und zu tanzen als sei nichts vorgefallen. Der Arzt und ich wurden gute Freunde.

5

Wut heilen

In einem der vorangehenden Kapitel habe ich Ihnen aufgezeigt, dass Wut eine Kampfreaktion ist, ein emotionales Verhaltensmuster, mit dem irgendeine Art unerwünschte Erfahrung abgewehrt, fortgeschoben, verändert oder ausradiert werden soll. In seiner ursprünglichen Form ist Wut Ausdruck von Unmut und bei fast allen Lebewesen und eben auch beim Menschen verbreitet. Wut ist eine Art Warnverhalten, das die Eskalation von potentiell gefährlichen Situationen zu gewalttätigen Auseinandersetzungen durch Stressabbau verhindern soll. Selbstverständlich funktioniert dieser Ansatz nicht immer, doch immerhin ist er so erfolgreich, dass er sich zu einem unserer instinktiven Stressreaktionsmuster entwickeln konnte.

In zahlreichen Gesellschaften und Kulturen wurde die natürliche Wutreaktion in eine Reihe unnatürlicher, erlernter Verhaltensmuster gepresst, die auf einem Gefühl der Machtlosigkeit basieren. Während natürliche Wut dem Überleben als Stress abbauende Maßnahme dient – wie etwa wenn ein Hund knurrt, um jemanden zu warnen, der im Begriff ist, in sein Territorium einzudringen, oder einem der ärgerliche Blick eines Freundes sagt, dass man eben einen Schritt zu weit gegangen ist und besser den Rückzug antreten sollte –, trägt unnatürliche Wut nur dazu bei, den Stresspegel noch in die Höhe zu treiben und irgendeine Form von Gewaltausübung unvermeidlich erscheinen zu lassen. Der größte Unterschied zwischen natürlicher und unnatürlicher Wut ist jedoch, dass erstere auf dem festen Boden persönlicher Kraft basiert während letztere immer aus einem Gefühl der Hilflosigkeit heraus entsteht.

Beispiele für unnatürliche Wut sind Bitterkeit, Jähzorn, Eifersucht, Ablehnung, Neid und alle Formen unterdrückten Zorns. Selbstkritik und die Kritik an anderen Menschen kann ein natürlicher Ausdruck von Wut sein, wenn sie das Ziel verfolgt, vor unangemessenem Verhalten zu warnen oder Verhaltensänderungen herbeizuführen. Doch sind sie unnatürlich, wenn sie nichts anderes im Sinn haben, als die Selbstachtung zu zerstören und Demütigung oder Ärger hervorzurufen. Anders verhält es sich meiner Meinung mit Wutreaktionen wie Gram, Schuldeingeständnis und Traurigkeit, weil ihr natürlicher Ausdruck zu positiven Veränderungen führen kann. Sobald sie jedoch chronisch werden, verwandeln sie sich in unnatürliche Stressförderer.

Es gibt einige Therapieschulen, die den offenen Ausdruck von Wutgefühlen propagieren, um den Stress zu reduzieren, der entsteht, wenn man Gefühle unterdrückt oder sie auf chronischem Niveau hält. Als vorübergehende Maßnahme zum Spannungsabbau kann dieser Ansatz sehr nützlich sein, doch bleibt der Nutzen vorübergehend, wenn keine physischen und emotionalen Verhaltensänderungen folgen. Ich weiß, dass es Therapien gibt, die Wut als Abfall sehen, der den emotionalen Abwasserkanal verstopft und der von Zeit zu Zeit wie die sprichwörtlichen Haare aus dem Abfluss entfernt werden muss, doch ich stimme weder mit dieser Auffassung noch mit der dazugehörigen Methode überein. Meiner Erfahrung nach manifestiert sich Wut als Reaktionsverhalten auf einen Stimulus und nicht als Ansammlung irgendeiner vagen emotionalen Substanz. Und was die Praxis des wiederholten Ausdrückens von Wut betrifft, um sie loszuwerden, so scheint mir ihr einziger »Nutzen« darin zu liegen, dass der Klient lernt, nach Belieben Wut zu generieren.

Meine Theorie, dass Wut und ihre Variationen Verhaltensmuster sind, auf die man durch eine Kombination aus Spannungsabbau und mentaler Veränderung Einfluss nehmen kann, hat sich im Rahmen der Dynamind-Technik als äußerst hilfreich erwiesen, um den Leuten bei der Befreiung von ihren unnatürlichen Wutmustern und beim Wiederfinden ihrer persönlichen Kraft und ihrer Selbstachtung zu helfen – das alles, ohne sich dabei ärgern zu müssen.

In den folgenden Fallbeispielen begegnen Sie Menschen, deren vorrangiges Problem Wut war, selbst wenn Angst gleichfalls eine gewisse Rolle gespielt haben mag. Sie sind grob unterschieden in solche Fälle, in denen sich die Wut gegen sich selbst, und in jene, in denen sie sich gegen andere richtet.

Gegen sich selbst gerichtete Wut

Schuldzuweisung gegen sich selbst (A71204)

Eine Patientin hatte das Gefühl, dass etwas mit ihr nicht stimme. Sie machte sich Vorwürfe, weil sie meinte, nicht gut genug zu sein, weil sie sich nicht geliebt fühlte, weil sie Depressionen hatte und sich fürchtete, Gott würde sie nicht lieben.

Die Standardaussage der ersten Runde lautete: »Mein Problem ist, dass ich immer meine, etwas mit mir ist nicht in Ordnung ...« Danach ging ihre Atmung besser und ihr Körper war durchströmt von einem warmen, guten Gefühl, doch war ein unangenehmes Gefühl in ihrem Hals zurückgeblieben. Der Therapeut dachte dann an eine vermutete Emotion und veränderte die Standardaussage für Runde zwei zu: »Mein Problem ist, dass ich in meinem Hals Schuldgefühle speichere ...« Damit wurde offenbar, dass sich, wie die Patientin es beschrieb, ihr Solarplexus »wund anfühlte«. Runde drei richtete sich an diese Wundheit und behob sie.

Die Patientin wollte den Prozess fortsetzen, also einigte sie sich mit dem Therapeuten für Runde vier auf die Standardaussage »Mein Problem ist, dass ich Wut in meinem Solarplexus festhalte ...« Hierauf reagierte die Frau mit den Worten: »Es fühlt sich so an, als bräche es in mir auf. Ich sehe Wolken, die davonziehen, die Sonne scheint.« In Runde fünf wurde die gleiche Aussage verwendet sowie die inneren Bilder der Patientin als Symbolschlüssel. Dabei wurde es den Wolken gestattet, sich auszuregnen, falls es erforderlich sein sollte, Blitze waren ausdrücklich zugelassen, und die Sonne durfte größer und heller werden. Die Reaktion der Patientin war: »Ich sehe wunderbare Farben; ich fühle mich glücklich, harmonisch und voller Kraft.«

Zum Abschluss kam die Sitzung mit sechs Runden Kraftaussagen über die Fähigkeit, sich glücklich, harmonisch, kraftvoll und geliebt zu fühlen. »Das war unglaublich!«, freute sich die Patientin zum Schluss.

Geringes Selbstwertgefühl (A13116)

Die Patientin war eine gebildete, vielfach begabte Therapeutin in den Vierzigern, die sich seit einiger Zeit in psychotherapeutischer Behandlung befand, weil sie ihr Leben als schmerzhaft, unbefriedigend und in vielerlei Hinsicht festgefahren empfand.

Vor allem bereiteten ihr Entscheidungen, Beziehungen und ihr Übergewicht Schwierigkeiten. Die nachfolgend beschriebene Sitzung ist besonders interessant, weil es der Patientin gelingt, mit den in ihr aufsteigenden Bildern so kreativ, ausgefeilt und tiefsinnig zu arbeiten. Sie bewertete die Intensität ihres Unglücklichseins mit neun bis zehn Punkten.

Die Standardaussage für Runde eins lautete: »Bisher habe ich geglaubt, dass ich von Natur aus unfähig bin, doch das kann sich ändern. Ich möchte meine Intelligenz und meine Fähigkeiten kennen lernen und anerkennen.« Im Anschluss an den Atemschritt machte sich ein Druckgefühl hinter ihrer Stirn breit.

In Runde zwei wurde die gleiche Standardaussage verwendet. Der Therapeut schlug ihr vor, das Druckgefühl hinter ihrer Stirn in ein Symbol zu verwandeln und in die Aussage einzubauen. Sie machte daraus, »Es ist eine strahlende Sonne, die wie von Wolken verdeckt ist«.

Runde drei folgte dem gleichen Muster. Die Patientin verstärkte das Bild und sagte, »Es öffnet sich mehr. Es kommt mir so vor, als breite es sich hinter meiner Stirn aus.« Dann machte sie Bewegungen, als schiebe sie Energie mit den Händen über ihre Stirn zu den Seiten durch die Haare. »Es fühlt sich so an, als dringe die Sonne im Wesentlichen durch bis auf eine Stelle im hinteren Bereich der rechten Seite. Dort verdunkelt eine Wolke die Sonne teilweise.«

Die vierte Runde wiederholte die vorangegangene. Der Druck hinter der Stirn verwandelte sich in ein Gefühl wie unter einem eng sitzenden Helm. »Nun ist die Wolke größer und die Sonne ist geschrumpft, weiter fort. Atem oder Wind muss die Wolke fort blasen.« Und sie folgte ihrer eigenen Anweisung. »Nun haben sich Haken in meiner Stirn über den Augenbrauen festgesetzt. Ich reibe ein schützendes Gel dorthin, wo die Haken feststecken, damit es nicht wehtut, wenn sie entfernt werden. Nun nehme ich den linken Haken fort. Danach fülle ich den Bereich mit positiver, erst gelber und dann blauer Energie.« Sie verteilte die Energie mit den Fingern auf ihrem Gesicht. »Die Finger in meinem Gesicht fühlen sich heiß an.« Sie ließ sie eine Weile auf ihrem Gesicht liegen. »Nun will ich mich dem zweiten Haken zuwenden. Dieser geht viel tiefer, als würde er sich um mein Innenohr winden. Etwas lockert sich, als sei ein Knoten aufgegangen. Jetzt kommt langsam das Mittelstück des Hakens heraus.« Sie prüft, ob sie auch hier das schützende Gel verteilt hat. Als sich der Haken löst, holt sie tief Luft. »Ich spüre ein Jucken in meinem Innenohr. Es ist ein Reinigungsprozess.«

Da die Reinigung nur sehr langsam voranschritt, schlug der Therapeut vor, den Prozess mit Toning zu beschleunigen. Beim Toning wird ein bestimmter Bereich des Körpers, meist ein Energiezentrum, mit Klängen unterstützt. »Die Sonne ist nun wieder eine große Sonne. Es ist nur noch ein kleiner dunkler Fleck übrig.« Der Therapeut riet ihr, den Fleck zu fragen, was er sei oder welche Botschaft er habe. Die Augen der Patientin füllten sich sofort mit Tränen und sie sagte, »Er ist eine Welle des Kummers über meinen Vater.«

Als Standardaussage für die fünfte Runde wählte die Patientin: »In der Vergangenheit glaubte ich, ich müsse die Wahrnehmung, die mein Vater von mir und von der Welt hatte, übernehmen, doch das kann sich ändern. Ich möchte selbst herausfinden, wer ich bin und wie die Welt funktioniert, mich von den falschen Vorstellungen befreien und sie durch mein eigenes, selbst erworbenes Wissen ersetzen.« Nach dieser Runde, erklärte die Patientin, »kam es zu einer großen inneren Verschiebung. Das Helmgefühl um meinen Kopf ist fast verschwunden, und die Sonne ist groß und hell. Doch ein Fleck bleibt, unmittelbar auf dem Scheitel.« Der Therapeut schlug vor, sie solle sich auf diesen Punkt konzentrieren. »Die Botschaft lautet:

›Gott ist nicht Vater!«‹ Sie wiederholte diese Erklärung, dann entfernte sie sie mit ihren Händen vom Scheitel ihres Kopfes. Der Vorgang zeigte Wirkung an ihrem Hinterkopf. Sie atmete in diesen Bereich und zog sich dann rasch zurück. Nach einigen weiteren positiven Affirmationen und einigem Piko-Piko-Atmen, um das Kribbeln in ihren Beinen zu beenden, erklärte sie, dass ihr ursprüngliches Problem auf der Intensitätsskala null erreicht habe.

Perfektionismus (A13117)
Der Patient war Steuerberater, dessen zwanghafter Perfektionismus ihm ernste persönliche und berufliche Schwierigkeiten bereitete. Das Hauptproblem war die Vorstellung, dass er in seiner Unvollkommenheit ein schlechter Mensch sei. Trotz seiner Ablehnung alternativer Therapieformen stimmte er der Arbeit mit der Dynamind-Technik zu. Der Therapeut schlug vor, die Aussage in der Vergangenheitsform zu halten. Die Intensität seines Problems schätzte der Patient mit neun ein.

Die für die erste Runde gewählte Standardaussage war: »Bisher habe ich geglaubt, dass mich jeder Fehler, der mir unterläuft, zu einem schlechten Menschen macht, also musste ich alles überprüfen, was ich und was mein Assistent tat, um auch wirklich jeden Fehler zu finden und dem Kunden jeden nur denkbaren Steuervorteil zu verschaffen, doch das kann sich ändern. Dem nächsten Kunden, der einen Fehler findet, möchte ich sagen können, ›Lieber Kunde, meine Fehlerrate ist die niedrigste, die es gibt, doch die Tatsache, dass wir einen Begriff wie Fehlerquote überhaupt benutzen, zeigt Ihnen, dass Fehler vorkommen, und es tut mir leid, dass ausgerechnet Sie durch einen unserer seltenen Fehler in Mitleidenschaft gezogen werden. Doch wenn wir unsere Fehlerquote auf null senken würden, dann müssten wir Ihnen mehr als tausend Dollar für jede Steuererklärung in Rechnung stellen, und Sie wissen, dass ich das nicht tue.‹«

Nach der ersten Runde war der Patient sichtlich verändert, und er selbst bewertete sein Problem jetzt nur noch mit anderthalb Punkten. Den Therapeuten überraschte diese rasche positive Entwicklung, er merkte jedoch an, dass der Mann »auf den Prozess äußerst fokussiert gewesen« sei. Der Patient wollte den Vorgang noch einmal wiederholen und erhielt dann Anweisungen, um die Dynamind-Technik täglich bei sich zu Hause anzuwenden, um die Ergebnisse dieser Sitzung zu verstärken.

Am Ende der Sitzung erklärte er, »Ich habe jetzt viel mehr Energie! Ich werde jetzt gleich ein paar Anrufe tätigen und meinen Kunden mitteilen, dass sie noch etwas länger auf ihre Steuererklärungen warten müssen, weil ich mich entschlossen habe, die nächsten Nächte *nicht* durchzuarbeiten, und stattdessen lieber laufen gehen will, weil mir das besser bekommt, als wenn ich nur die ganze Zeit an meinem Schreibtisch sitze.«

Der Therapeut merkte in seinen Notizen an: »Ich hatte den Eindruck, dass dem Patienten heute ein großer Durchbruch gelungen war, denn ihm wurden nicht nur die Last entsetzlicher Schuldgefühle von den Schultern genommen, sondern er war nun auch offen für weitere, zukünftige Heilung.«

Machtlosigkeit (A35119)

Bei der Patientin Ende Vierzig war ein Magentumor diagnostiziert worden und sie spürte nun Wut, Zorn und Angst mit einem Intensitätsgrad von zehn.

Als erstes ging sie in Runde eins mit der Standardaussage »Wenn ich an den Tumor in meinem Magen denke, dann spüre ich Angst …« ihre Angst an, doch sie war offenbar nicht das zentrale Problem, denn es trat keine Veränderung ein. In der zweiten Runde thematisierte die Patientin ihre Machtlosigkeit, was einen kleinen Fortschritt um einen halben Punkt brachte. Runde drei erfolgte mit der Standardaussage »Wenn ich an den Tumor in meinem Magen denke, dann kann ich nicht glauben, dass ich etwas ändern kann …« Wieder eine kleine Verbesserung.

Im weiteren Gespräch sagte sie, dass sie immer wissen müsse, *warum* etwas geschehe, bevor sie etwas verändern könne. Von Anbeginn der Sitzung hatte sie außerdem Schwierigkeiten mit dem Wort »Gefühl«. Auch darüber sprachen Therapeut und Patientin. Schließlich einigten sie sich, dass sie ihre Zweifel überwinden und mit Symbolen arbeiten wolle, um die Muster zu verändern. Sobald dieser Vorsatz gefasst war, kam alles rasch in Gang, weil nun ein Weg gefunden war, wie die Sitzung den Bedürfnissen der Patientin angepasst werden konnte.

»Ich habe das Muster verinnerlicht, mich machtlos zu fühlen, doch das kann sich ändern ...« war die Standardaussage in der sich anschließenden vierten Runde. Sie arbeite an dem Symbol und veränderte es so lange, bis es sich für sie richtig anfühlte. Sie ließ den Therapeuten wissen, wenn sie bereit war fortzufahren, und sie selbst veränderte die Aussagen.

In den Runden fünf bis neun bearbeitete sie nacheinander ihre anderen verinnerlichten Muster: Widerstand, Stress, Zweifel, Wut und Angst. Jede der entsprechenden Standardaussagen verband sie mit einem Symbolschlüssel ihrer Wahl. Den Abschluss der Sitzung bildeten ein Dynamind-Toner und ein Dynamind-Entwickler. Mit ihrem Ansatz hatte die Patientin es geschafft, ihr Intensitätsniveau von zehn auf eins zu senken. Sie war wie verwandelt, sah glücklich und ganz erheblich entspannter aus.

Geringe Selbstachtung (AX22)

Ich wollte Sie daran teilhaben lassen, wie es mir geht, seit ich mit der Dynamind-Technik an meiner geringen Selbstachtung arbeite. Zunächst einmal möchte ich zum Ausdruck bringen, wie glücklich ich darüber bin, dass ich die Dinge endlich so sehe, wie sie sind. In der vergangenen Woche hatte mich bei der Arbeit ein überwältigendes Gefühl der Ruhelosigkeit im Griff. Es kam mir so vor, dass nichts, was ich anfing, richtig oder gut genug war. Ich konnte mich einfach nicht motivieren, all das ins Lot zu bringen. Dann sagte mir noch mein Chef, dass der Firmeninhaber mit meiner Arbeit unzufrieden sei. Früher wäre so etwas mein Ende gewesen. Stellen Sie sich vor, wie es ist, wenn Sie wie eine Wahnsinnige arbeiten, daneben mit familiären und Finanzproblemen jonglieren und es trotzdem nicht reicht. Solche Situationen haben mich immer im Innersten getroffen mir ständig das Gefühl gegeben, nicht gut genug zu sein. Mit der Hilfe von Dynamind habe ich nun plötzlich entdeckt, dass ich lernen muss, mich selbst als den Menschen zu lieben, der ich bin und dass ich es nicht von der Meinung anderer abhängig machen darf, wie ganz oder unvollständig ich mich fühle. Ich kann es kaum fassen, welche Kraft ich plötzlich im Umgang mit dieser Situation aufbringe. Unglaublich, welche Kraft doch tatsächlich in uns wohnt, und welche Energie die Dynamind-Technik freizusetzen vermag.

Gegen andere gerichtete Wut

Wut über die Scheidung (A12426)
Eine vierundfünfzigjährige Frau kam weinend zur Sitzung, weil sie gerade an diesem Morgen die Scheidungspapiere erhalten hatte. All die angesammelte Wut aus sechsundzwanzig Jahren Ehe stieg in ihr hoch und vermischte sich mit den Gefühlen, die der Zorn ihres Ehemanns in ihr auslöste. Sie hatte Schmerzen im Kreuz und im rechten Ischiasnerv.

Zunächst geleitete der Dynamind-Praktiker sie durch einige Runden Dynamind unter Verwendung der Blankovergebung »Was immer mein Mann mir getan hat, ich vergebe ihm alles; es ist nicht mehr wichtig«, und die Schmerzen verschwanden. Dann folgten einige Runden mit Standardaussagen zur Auflösung von Wut, Angst, Spannung und Zweifel. Die Sitzung endete mit der Kraftaussage »Mein Körper hat die Kraft, für den Rest meines Lebens in Frieden und zufrieden zu leben, ja so ist es. Auch ich habe die Kraft, in Frieden und zufrieden zu leben.« Ihre Tränen versiegten, sie lächelte, umarmte den Therapeuten und sagte, dass es ihr jetzt viel besser gehe.

Wut auf den Ehemann (A12427)
Die Patientin war eine sechzigjährige Frau, die sagte, dass sie ihren Mann nicht mehr liebe. Sie sei sicher, es müsse irgendwo für sie einen besseren Partner geben, denn sie fühle nichts, wenn ihr Mann sie berühre. Sie gab ihrem Mangel an Liebe neun Punkte auf der Intensitätsskala.

Die Standardaussage, »Tief in mir spüre ich, dass ich meinen Mann nicht mehr liebe«, in Runde eins senkte die Intensität ihrer Gefühle auf fünf Punkte. In Runde zwei verwendete sie »In einigen Bereichen meines Körpers und meines Geistes spüre ich Angst ob dieser mangelnden Liebe...« und erreichte unter Tränen das Intensitätsniveau drei.

Dies veranlasste den Therapeuten die Patientin fünf Minuten lang durch Blankovergebungen für sie selbst zu führen. Langanhaltendes Weinen, das tief aus ihrem Inneren zu kommen schien, war die Folge. Als sie sich ein wenig beruhigt hatte, sagte sie, es sei ihr klar geworden, dass ihr Mann für lange Zeit der beste Partner für sie gewesen sei. Sie war darüber glücklich, aber auch traurig, weil sie fürchtete, es könnte zu spät für sie und ihren Mann sein, zu einer guten Partnerschaft zurückzufinden. Der Therapeut gab ihr Ratschläge, was sie tun könne, um ihre Beziehung zu kitten, und die Patientin beendete die Sitzung getröstet und mit dem Intensitätsgrad null.

Wut auf den Vorgesetzten (A69628)
Ein vierzigjähriger Mann musste sich, immer wenn keine Zeugen zugegen waren, von seinem Vorgesetzten schikanieren lassen. Er fühlte sich angegriffen, und bewertete das Intensitätsniveau seiner Wut mit neun Punkten.

Für Runde eins wählte er die kombinierte Standard- und Kraftaussage »Wenn ich an meinen Chef denke, dann bin ich traurig und fühle mich verletzt, doch das kann sich ändern. Ich will, dass diese schlechten Gefühle verschwinden und dass sich zwischen mir und meinem Chef eine harmonische Beziehung entwickelt. So soll es geschehen. So soll es sein.« Nach dieser ersten Runde entspannte sich sein Gesichtsausdruck, er sagte, »Ich fühle mich besser«, und ordnete seine neue Gefühlslage bei fünf Punkten ein.

In Runde zwei wiederholte er die kombinierte Aussage aus der vorhergehenden Runde und verband sie mit der Blankovergebung »Ich vergebe dir Chef, egal in welchem Zusammenhang. So soll es sein.« Im Anschluss an die Runde sagte der Patient, »Nie zuvor waren meine Gefühle beim Gedanken an meinen Chef so positiv«. Er stufte sich bei Grad eins bis zwei ein.

Nach zwei Wochen erstattete er darüber Bericht, wie die Zusammenarbeit nun funktionierte. »Wir arbeiten jetzt viel besser zusammen. Wir können sogar ein normales Gespräch miteinander führen. Das war vorher nie möglich.«

Wut auf den Vater (A69630)
Der Patient war ein allein stehender Achtunddreißigjähriger. Er beklagte sich darüber, dass er jedes Mal, wenn er an seinen Vater dachte, von negativen Erinnerungen und Eindrücken überflutet wurde, die ihn noch immer wütend machten. Er bewertete die Intensität seiner Gefühle zu Sitzungsbeginn mit neun Punkten.

Für Runde eins entschied er sich für die Standardaussage »Wenn ich an meinen Vater denke, dann werde ich wütend, doch das kann sich ändern. Ich will mich, wenn ich an meinen Vater denke, frei und entspannt fühlen. Ich will, dass sich die Energie zwischen mir und meinem Vater harmonisiert.« Nach der ersten Runde fühlte sich der Patient freier und nicht mehr wie zuvor von Wut überwältigt – er bewertete seine neue Gefühlslage mit fünf.

Vor Beginn der nächsten Runde bat der Therapeut den Patienten, drei Situationen zu beschreiben, in denen er gerne an seinen Vater gedacht hatte. Das Gesicht des Mannes leuchtete auf, als er von dem Tag erzählte, an dem sein Vater ihm ein Fahrrad schenkte, von den gemeinsamen Ausflügen und vom gemeinsamen Spielen mit der Modelleisenbahn.

In Runde zwei wiederholte er die Standardaussage aus Runde eins und sagte im Anschluss: »Ich fühle mich besser, aber ich habe auch ein merkwürdiges Gefühl, das ich nicht beschreiben kann.« Seine Wut bewertete er mit fünf Punkten.

Der Therapeut schlug dem Patienten vor, zu Hause sieben bis zehn angenehmen Erinnerungen an seinen Vater in einer Liste festzuhalten und ansonsten, immer wenn unangenehme Gefühle im Hinblick auf seinen Vater auftauchten, den Dynamind Prozess so zu wiederholen, wie er ihn eben erlernt hatte. Danach sollte er die Liste mit den guten Erinnerungen hervornehmen und sie sich laut vorlesen.

Wenige Wochen später meldete sich der Patient und berichtete:

»Ich habe die Dynamind-Technik mehrfach angewandt und mir danach die Liste mit den guten Erinnerungen laut vorgelesen. Die emotionale Beziehung zu meinem Vater hat sich stark gebessert. Ich habe mir vorgenommen, ihn bald zu besuchen.«

6

Angst heilen

Wir erben Ängste nicht von unseren Vorfahren. Angst ist weder eine instinktive Reaktion, noch ist sie zum Überleben unbedingt erforderlich. Vorsicht, ja. Das Erkennen potentieller Gefahren, ja. Nicht aber Angst. Angst zu haben, müssen wir erst lernen.

Als ich ein kleiner Junge war beobachtete ich einmal meine jüngere Schwester, wie sie daheim den Flur entlanglief und mit der bloßen Hand an den Wänden Spinnen erschlug. Ich fand das ekelerregend, meine Schwester fand es spaßig und unsere Mutter zeigte sich entsetzt. Ich höre noch immer den Aufschrei meiner Mutter, als sie sah, was meine Schwester trieb, und ich erinnere mich deutlich daran, wie unverzüglich meine Schwester nach dieser nur einmaligen Schulung in Sachen Spinnen-sind-gräßlich-man-muss-Angst-vor-ihnen-haben ihre Einstellung und ihr Verhalten Spinnen gegenüber veränderte.

Von einem Augenblick zum nächsten kann sich unsere Furchtlosigkeit in Angst verwandeln. Lassen Sie uns die Frage, ob Angst zu irgendetwas nütze ist, erst noch beiseite stellen. Im Augenblick interessiert uns nur, ob sie angeborenes oder erlerntes Verhalten ist.

Hier noch ein weiteres, diesmal ein umgekehrtes Beispiel. An einem sonnigen Tag an einem breiten Strand in Afrika, an den das Meer sanft wie ein stiller See schwappte, sah ich, dass mein Vierjähriger und mein Siebenjähriger fröhlich im Wasser planschten, während mein Dreijähriger lieber im Sand spielte. Dagegen ist nichts einzuwenden, nur bemerkte ich außerdem, dass er sich jedes Mal, wenn ihm auch nur die kleinste Welle nahe zu kommen drohte, schleunigst in Sicherheit brachte. Es sah ganz so aus, als müsse ich in Aktion treten.

Ich nahm den kleinen Jungen auf den Arm, redete beruhigend auf ihn ein und trug ihn ein paar Schritte zum Wasser hin. Sofort versuchte er, sich aus meinen Armen zu winden, obwohl das Wasser kaum meine Füße umspülte. Es war offensichtlich, dass er sich fürchtete. Also blieb ich stehen, beruhigte ihn und machte wieder ein paar Schritte. Natürlich reagierte er genauso wie zuvor. Langsam und vorsichtig und unter Verwendung der klassischen psychologischen Desensibilisierungsmethode konnte ich ihn dazu bringen, sich erst mit mir bis zu den Knöcheln, dann bis zu den Hüften und bis zur Brust ins Wasser zu begeben. Schließlich tauchten wir sogar gemeinsam im Wasser unter. Danach brachte ich ihn zurück an den Strand, um ihm Gelegenheit zu geben, seine eigene Beziehung zum Meer zu entwickeln. Heute ist mein jüngster Sohn bei den Navy Seals.

Ein letztes Beispiel, um meine Anschauung zu verdeutlichen. Während eines Dynamind-Workshops kam eine junge Frau auf die Bühne, die sagte, sie habe Angst vor Wasser. Näheres Nachfragen ergab, dass sie angesichts eines Swimmingpools in lähmende Panik verfiel. Weiteres Nachfragen zeigte, dass sie nur dann in Panik geriet, wenn das Schwimmbecken näher als zwei Meter, breiter als einen Meter und die Wasserfarbe blau war. Ja, die Panik verschwand sofort und vollkommen unabhängig davon, wie groß der Pool oder wie nahe er war, wenn sich die Wasserfarbe als grün herausstellte.

Im ersten Beispiel kannte meine Schwester keine Angst vor Spinnen bis sie von unserer Mutter lernte, dass es Gründe gab, sie zu fürchten. Ihre ursprüngliche Reaktion auf Spinnen war rein instinktiv. Im zweiten Beispiel zeigte mein Sohn Angst vor dem Meer, nicht vor dem Wasser selbst. Ich wusste, dass es sich so verhielt, denn ich hatte bei zahlreichen Gelegenheiten zugesehen, wie er fröhlich im und mit Wasser spielte. Ich habe keine Vorstellung, was seine Angst vor dem Meer veranlasst haben mag und auch er selbst erinnert sich nicht. Doch die Tatsache, dass er die Angst nach so kurzer Zeit abstreifen konnte, lässt eher auf erlerntes statt auf instinktives Verhalten schließen. Und auch im letzten Beispiel lässt die Summe bestimmter Voraussetzungen, die erfüllt sein müssen, damit die lähmende Angst eintritt, den Schluss zu, dass es sich gleichfalls um erlerntes Verhalten handelt.

Jetzt wäre der Zeitpunkt günstig, um zu erklären, was ich mit »instinktivem« Verhalten meine, denn es wird nur allzu leicht mit »automatischem« Verhalten verwechselt. Automatisiert ist Verhalten dann, wenn man es so gründlich erlernt hat, dass man, um es ablaufen zu lassen, nicht mehr darüber nachdenken muss. Im Wesentlichen handelt es sich um die Reaktion auf einen Stimulus vergleichbar jener des Pawlowschen Hundes, der Speichel produzierte, sobald er das Klingeln der Glocke hörte. Fahrradfahren, mit Besteck umgehen, mit Angst auf bestimmte Ereignisse reagieren und Erkältungssymptome produzieren, wenn man sich in Straßenschuhen nasse Füße holt, nicht aber in Sandalen am Strand, sind weit verbreitete Beispiele für automatisiertes Verhalten. Solches Verhalten ist eng verknüpft mit individueller Erfahrung und kulturellen Erwartungen.

Instinktives Verhalten hingegen ist bei allen Menschen gleichermaßen verbreitet und hängt nicht ab von individueller Erfahrung und kultureller Zugehörigkeit. Die Atmung selbst ist instinktiv; die Atemfrequenz hingegen ist erlernt. Der Drang, sich aufzuwärmen, wenn man friert, sich abzukühlen, wenn einem heiß ist, Sicherheit zu suchen, wenn man sich in Gefahr wähnt, unangenehmen oder schmerzhaften Erfahrungen auszuweichen – sie alle sind Bestandteile des instinktiven Verhaltensrepertoires des Menschen. Wie im vorangegangenen Kapitel erläutert, ist selbst die durch Wut ausgelöste Kampfreaktion auf eine Bedrohung instinktiv. Gleiches gilt für die Fluchtreaktion, mit der man möglichen Schaden lieber vermeiden will. Eine Fluchtreaktion setzt jedoch keine Angst voraus. Wenn Sie wollen, dann könnten wir instinktives Verhalten, das Gefahren aus dem Weg geht, als »natürliche Angst« bezeichnen, doch ziehe ich den Begriff »gesunder Menschenverstand« vor.

Ein weiterer bedeutender Unterschied zwischen instinktivem und erlerntem Verhalten ist die Tatsache, dass erlerntes Verhalten, ob es nun automatisiert ist oder nicht, viel schneller wieder »verlernt« oder modifiziert werden kann. Instinktives Verhalten hingegen kann man höchstens unterdrücken, verstärken oder umleiten.

Es ist eine unumstrittene, von umfassender Forschung experimenteller und erfahrungsspezifischer Natur bewiesene Tatsache, dass man

Ängste verlernen kann, häufig sehr schnell und ohne jegliche Unterdrückung, Verstärkung oder Umleitung. Dieser Umstand allein schon reiht sie ein in die Kategorie erlernten Verhaltens.

Wenigstens teilweise geht die falsche Einordnung von Angst als Instinktreaktion zurück auf frühe Experimente mit Säuglingen, die man in die Luft warf, um ihre Reaktionen zu beobachten. Die instinktive Suche der Babys nach Sicherheit wurde fälschlicherweise als Ausdruck der Angst interpretiert. Tatsächlich genießen die meisten Säuglinge es über die Maßen, in die Luft geworfen zu werden – vorausgesetzt, man lässt sie nicht fallen.

»Vorausgesetzt, man lässt sie nicht fallen«, und damit sind wir auch schon bei der Frage, wie Angst überhaupt erlernt wird. Hierzu müssen drei entscheidende Faktoren vorhanden sein: Zweifel an sich selbst, Erinnerung an Schmerz und die Erwartung von Schmerz.

Zweifel an sich selbst ist der wichtigste Faktor, denn ohne ihn kann Angst nicht entstehen. Selbstzweifel ist erlerntes Verhalten, doch der Lernvorgang kann stattfinden, während sich das Kind noch im Mutterleib befindet. Im Wesentlichen entsteht Selbstzweifel dann, wenn das Individuum ein Gefühl oder eine Wahrnehmung als Kontaktverlust zu seiner Quelle von Liebe und Kraft interpretiert. Abhängig davon, wie oft sich diese Interpretation bei ähnlichen Gefühlen oder Wahrnehmungen wiederholt, verwandelt sie sich in erlerntes oder automatisiertes Verhalten.

Jeder Mensch, gleichgültig welchen Alters, trägt in sich die Erinnerung an Schmerz, doch wirkt sich diese Erinnerung nicht auf alle Menschen gleich aus. Angst entsteht, wenn Zweifel an sich selbst zusammentrifft mit einer schmerzhaften Erfahrung. Ist erst Selbstzweifel vorhanden, dann entsteht immer dann eine Schmerzerwartung, wenn ein Stimulus vorhanden ist, der dem ursprünglichen Schmerz ähnelt.

Als ich ungefähr sieben Jahre alt war, spielte ich mit Freunden; wir wollten auf einen Baum zu klettern und von einem bestimmten großen Ast herunterspringen. Den anderen Jungen gelang das Vorhaben ohne Probleme. Sie hatten keinen Zweifel an sich selbst, jedenfalls nicht, wenn es darum ging, von Ästen herabzuspringen. Selbst wenn sie sich in der Vergangenheit bei einem solchen Sprung wehgetan hatten, erwarteten sie nicht, dass es diesmal wieder geschehen würde. Ich hingegen verfügte über ausreichend Selbstzweifel und über die Erinnerung an einen früheren schmerzhaften Sturz, wenn auch nicht von einem Baum. Folglich klammerte ich mich lange Zeit vor Angst erstarrt an den Ast, während die anderen Jungen links und rechts von mir nach Lust und Laune herunter sprangen. Schließlich unterdrückte ich meine Angst, sammelte allen Mut und sprang ins Unbekannte. Zum Glück landete ich mühelos auf den Füßen und hatte soviel Spaß am Springen, dass ich es wieder und wieder tat und so meine Angst davor abbaute.

Die Erwähnung des Unbekannten im vorangehenden Absatz erinnert mich daran, dass wir uns mit der Angst vor diesem Phänomen noch befassen müssen. Ich behaupte, dass es die Angst vor dem Unbekannten gar nicht gibt. Sie ist immer eine Angst vor dem Bekannten oder, vielleicht trifft das noch besser, vor dem Nichtkennen. Wenn wir etwas erleben, was uns unbekannt ist, dann macht es uns entweder neugierig oder wir ignorieren es. Angst in einem solchen Fall entsteht nur dann, wenn uns die neue Erfahrung an eine vorangegangene schmerzhafte Erfahrung erinnert und wir eine entsprechend schmerzhafte Erfahrung erwarten, weil wir nicht wissen, was wir tun sollen.

Und was können wir nun aus dieser Geschichte lernen? Wir können lernen, dass es letztlich keine Rolle spielt, ob wir unter Selbstzweifeln leiden, Erinnerungen an Schmerzen oder die Angst vor was auch immer in uns bewahren. Wir können Angst ebenso schnell verlernen wie wir sie erlernen. Selbstzweifel lassen sich auflösen, indem wir uns wieder und wieder dazu bringen, uns selbst und/oder einer höheren Macht zu vertrauen. Gemeint ist nicht das Vertrauen darauf, dass uns niemals etwas Schlimmes zustoßen wird, sondern darauf, dass, was immer auch geschieht, wir damit fertig werden, und dass uns ganz allgemein mehr gute als schlechte Dinge zustoßen werden. Woher können wir das wissen? Wir können es nicht wissen, denn die Zukunft lässt sich nicht festlegen. Doch unsere Kraft und Macht liegt in der Gegenwart. Was wir im gegenwärtigen Augenblick tun und denken, kontrolliert vielleicht nicht die Zukunft, doch es hat mehr Einfluss auf sie als irgendetwas sonst. Angst ohne Selbstzweifel gibt es nicht. Selbstzweifel beginnt mit einer Entscheidung. Er kann auch mit einer Entscheidung enden.

Die zahlreichen Gesichter der Angst

Es gibt unendlich viele verschiedene Arten der Angst, die sich erstrecken von einem harmlosen Gefühl der Unsicherheit bis zu einem ausgewachsenen, lähmenden Entsetzen. Die nachfolgenden Fallgeschichten sind grob nach ihrer Intensität geordnet. Die weniger spektakulären Arten können jedoch für denjenigen, der unter ihnen zu leiden hat, ebenso vernichtend sein, wie die spektakulären. Aus der Anordnung der Fallgeschichten sollten also keine Schlüsse auf ihre Wichtigkeit gezogen werden.

Selbstzweifel

Selbstzweifel werden häufig mit einem Mangel an Selbstvertrauen gleichgesetzt. Diese Art Angst basiert häufig auf der Angst vor Kritik, die im Wesentlichen eine Angst vor Zurückweisung und Ablehnung ist.

Angst vor Entscheidungen (F12403)
Die achtundvierzigjährige Patientin litt so stark an Selbstzweifeln, dass ihr Ehemann sie vor sechs Monaten verlassen hatte, weil er ihre, wie er es nannte, Verrücktheit nicht mehr ertrug. Ihr allgemeines Problem war die Angst, überhaupt irgendeine Entscheidung zu treffen, ihr spezifisches die Sorge, sie könnte im Hinblick auf einen neuen Arbeitsplatz zu einem falschen Entschluss kommen.

In den insgesamt fünf Runden wurden Standardaussagen zu den

im Körper eingelagerten Themen Zweifel, Stress, Wut, Spannung und Angst eingesetzt. Danach fühlte sich die Patientin besser, ruhiger und konnte das Weinen einstellen. Sie erklärte, sie habe nun keinen Zweifel mehr daran, dass sie die neue Stelle annehmen werde.

Außerdem gelang es der Patientin nach der Sitzung erstmals wieder, ihren linken Fuß zu bewegen, dessen Ballen erst vor einer Woche operiert worden war. Obwohl die Beschwerden, die sie mit dem Fuß hatte, gar nicht zur Sprache gekommen waren, sorgte die Dynamind-Technik trotzdem dafür, dass es ihr damit besser ging.

Angst vor Liebe (F12404)
Ein siebenundvierzigjähriger Patient tat sich schwer damit, die Liebe seiner Mitmenschen anzunehmen. Immer, wenn er merkte, dass jemand ihn mochte, überkamen ihn Zweifel. So erging es ihm nicht nur bei neuen Bekanntschaften, sondern auch bei seiner Frau und seinen vier Kindern. Er hatte eine schwere Kindheit hinter sich und hatte damals immer gut und fehlerlos funktionieren müssen. Aus diesem Grund neigte er außerdem dazu, gegenüber anderen Menschen überkritisch zu sein. Die Sitzung hatte er gebucht, weil er traurig darüber war, dass er sich an der Liebe seiner Frau nicht wirklich erfreuen konnte.

Der Dynamind-Praktiker geleitete ihn zunächst durch mehrere Runden mit der Standardaussage, um Allgemeinbeschwerden wie Stress, Angst, Zweifel, Wut und Spannung zu minimieren. Im Anschluss folgten zwei Minuten lang Runden mit Blankovergebungen, die sich an seine Eltern richteten. Danach fühlte sich der Patient erheblich besser, und in seinem Gesicht erschien das erste Lächeln. In den sich anschließenden Runden schließlich ging es um sein eigentliches Problem.

In vier Runden kamen nacheinander die folgenden Techniken zum Einsatz: In Runde eins die Standardaussage »In meinem Körper und Geist breitet sich Zweifel aus, sobald ich die Liebe eines anderen Menschen spüre ...«, in Runde zwei die Kraftaussage »Ich zweifle nicht, wenn ich mich geliebt fühle!«, Runde drei war eine Blankovergebung an seine Frau, und in Runde vier die Kraftaussage »Ich kann mich an den guten Gefühlen erfreuen, die die Liebe meiner Frau und anderer Menschen in mir auslöst.«

Im Verlauf des gesamten Prozesses war der Patient sichtbar aufgeblüht. Er hatte sich seit zwölf Jahren zweimal die Woche in psychotherapeutischer Behandlung befunden, ohne sich ein einziges Mal so befreit und glücklich zu fühlen wie nach diesem einmaligen Dynamind-Prozess.

Angst vor Arbeitslosigkeit (F69605)
Ein fünfzigjähriger Mann hatte seine Arbeit verloren und fürchtete sich nun davor, dass er auf die sechzig Bewerbungen, die er inzwischen auf den Weg gebracht hatte, keine positive Antwort erhalten würde. Diese Situation bewirkte in ihm starke Spannung, Angst und ein Druckgefühl im Magen des Intensitätsgrads sieben.

In Runde eins entschied sich der Patient für die Standardaussage »Wenn ich daran denke, dass ich meinen Arbeitsplatz verloren habe, dann spüre ich ein starkes Druckgefühl in meinem Magen …« und konnte damit den Intensitätsgrad von sieben auf vier reduzieren. Er sagte: »Nun fühle ich mich viel freier und bekomme auch besser Luft.«

In Runde zwei wurde die Standardaussage aus Runde eins wiederholt und konnte den Intensitätsgrad noch einmal halbieren. Im Anschluss machte der Dynamind-Praktiker dem Patienten Vorschläge für Fantasiebilder und Affirmationen, die der Mann nutzen konnte, um eine positive Erwartungshaltung in sich zu fördern, sobald er neuerlich Bewerbungen verschickte.

Fünf Tage später rief der Mann an und berichtete aufgeregt, dass er ein Vorstellungsgespräch habe und dass das Druckgefühl in seinem Magen vollständig verschwunden sei. Der Therapeut erinnerte ihn, allen möglicherweise auftretenden unangenehmen Symptomen mit der Dynamind-Technik zu begegnen und schlug einige weitere positive Fantasiebilder und Affirmationen vor.

Obwohl der Patient es in die engere Auswahl der Kandidaten schaffte, wurde ihm der Job schließlich doch nicht gegeben. Dennoch war seine Einstellung optimistisch, denn, so erklärte er: »Ich benutze die Dynamind-Technik jeden Tag, und sie hilft mir über die Maßen, mich leistungsfähig und voller Energie zu fühlen.«

Aus Angst zaudern (F25808)
Eine Frau hatte ein Konferenzprotokoll zu schreiben, zögerte die Erledigung der Aufgabe aus Angst jedoch immer wieder hinaus. Ihr Zaudern verursachte nicht nur berufliche Probleme, sondern auch Spannungen zwischen ihr und ihrem Lebenspartner. Obgleich sich das Problem simpel anhört, dauerte es aufgrund der zahlreichen beteiligten Schichten doch über eine Stunde, um es aufzulösen.

»Ich spüre Angst, wenn ich an das Protokoll denke, ...« war die in der ersten Runde verwendete Standardaussage. Sie vermochte zwar die Angst ein wenig zu reduzieren, doch ging es im nächsten Schritt vor allem darum herauszufinden, wo genau im Körper sich die Angst festgesetzt hatte.

Deshalb lautete die Standardaussage in Runde zwei, »Ich spüre Angst in meinem Bauch, wenn ich an das Protokoll denke, ...« Damit löste sich das ursprüngliche Symptom auf, wurde jedoch durch Schmerzen im Hinterkopf ersetzt.

Folgerichtig nahm sich Runde drei dieses neuen Problems an. Die Standardaussage »Ich spüre Schmerzen in meinem Hinterkopf, wenn ich an das Protokoll denke, ...« bekämpfte das Symptom erfolgreich, doch erfolgte diesmal eine Verlagerung in die Augen, wo die Patientin nun ein unangenehmes Druckgefühl hatte.

Nachdem dieses Symptom mit einer entsprechenden Standardaussage in der vierten Runde behoben war, schlossen sich noch ein paar weitere Runden an, die dafür sorgten, dass die Frau weder Angst spürte noch unter irgendwelchen physischen Beschwerden litt. Danach sah es ganz so aus, als sei das Problem endgültig aufgelöst. Doch als der Therapeut die Patientin aufforderte, sich vorzustellen, wie sie das Protokoll schrieb, brach sie in Tränen aus und flüsterte, dass sie sich schäme, zu Hause ihrem Partner gegenüberzutreten, der bestimmt wütend auf sie sei.

Es folgten mehrere Runden, um das Schamgefühl, das sich an mehreren Stellen in ihrem Körper manifestiert hatte, aufzulösen. Sie führten jedoch schließlich zu dem Eingeständnis der Frau, dass sie sich allgemein wertlos fühle – ein Gefühl, das wiederum im Bauch lokalisiert war. Die Bearbeitung dieses Gefühls legte mehrere Schichten physischer Schmerzen frei. Deren Auflösung wurde gefolgt von einem merkwürdigen Bedürfnis der Patientin, sich in ihren Beinen zu isolieren. Danach gelang schließlich die Rückkehr zum eigentlichen Thema, dem Schreiben des Protokolls.

Inzwischen hatte die Patientin ein wenig mehr Zutrauen zu sich und zu ihrer Aufgabe gefunden, doch fühlte sie sich überfordert von all dem Material, das sie für das Protokoll in ihrem Büro angesammelt hatte, und wollte es reduzieren. Es schloss sich eine Runde mit einer Kraftaussage an, die ihr helfen würde, diese Aufgabe zu meistern. Dann wurden noch ein paar Runden erforderlich, um Schmerzen aufzulösen, die plötzlich erneut in ihrem Körper aufgetaucht waren. Die Sitzung endete mit einer Reihe von Kraftaussagen, mit deren Hilfe sie das Protokoll würde fertig stellen können. Die Patientin versicherte, dass sie mehr Selbstvertrauen spüre, sich allgemein ruhiger und leichter ums Herz fühle als bei ihrer Ankunft.

Ein paar Tage später rief die Patientin an um mitzuteilen, dass die Dynamind-Technik es ihr möglich gemacht hatte, mit dem Schreiben des Protokolls zu beginnen. Sie fügte hinzu, dass sie Dynamind für eine äußerst wertvolle Technik halte und dass sie und ihr Partner sie nun in allen nur möglichen Situationen einsetzten.

Leistungsangst (FX14)
»Ich war dabei eine etwa dreißigjährige Frau für die Arbeit im Callcenter auszubilden, als sie mir gestand, dass sie die Vorstellung, ich würde bei ihren Telefonaten zuhören, entsetzlich in Stress versetzte. Ich fragte sie, ob sie bereit sei, bei einem kleinen Experiment mitzumachen, das ihr helfen würde. Sie stimmte zu.

Als wir anfingen, sah sie ängstlich aus, hatte die Augen weit aufgerissen, und in ihrem Gesicht und an ihrem Hals erschienen überall rote Flecken. Ihre Stressintensität lag bei acht Punkten.

Nach der ersten Runde sank die Stressintensität auf fünf und nach der zweiten auf null. Sie sah mich überrascht an und fragte: »Wie ist das möglich?« Ihre roten Flecken waren verschwunden, und gemeinsam absolvierten wir ein äußerst konstruktives Training.

Phobien

Eine Phobie wird für gewöhnlich definiert als irrationale Angst, die keine Basis in der Wirklichkeit hat. Ich stimme dieser Definition nicht zu. Meiner Meinung sind Phobien erlernte Verhaltensweisen als Reaktion auf eine äußerst unangenehme Erfahrung mit einer Person, einer Sache, Situation oder Aktivität. Bloß weil jemand, der das phobische Verhalten beobachtet, darin keinen Sinn sieht, ist es nicht irrational. Unpraktisch, vielleicht. Unnötig, ja. Aber irrational? Nein.

Als ich ein Junge war, hatte ich eine Hundephobie, die niemandem einleuchtete, am wenigsten mir selbst. Schließlich fand ich heraus, dass mich, als ich noch ein Säugling war, ein junger Hund übel im Gesicht gekratzt hatte. Die Spinnenphobie meiner Schwester würde bei jeder Begegnung mit einer Spinne als übertrieben gewertet, wenn man nicht wüsste, dass sie diese stark emotionale Reaktionsweise von meiner Mutter übernommen hatte. Ich weiß nicht, warum sich mein jüngster Sohn vor dem Meer fürchtete, aber ich nehme an, dass sein Unbewusstes einen guten Grund dafür hatte. Wer unter einer Phobie leidet, verspürt eine äußerst reale Angst, die respektiert werden muss. Zum Glück ist Dynamind eine äußerst praktische Technik, die dem Betroffenen helfen kann, seine Phobie zu überwinden.

Angst vor Gewittern (F71215)
Die Patientin war ein zwölfjähriges Mädchen, das sich Zeit ihres Lebens vor Gewitter fürchtete. Die Mutter erklärte, dass ihre Tochter schon immer große Angst vor lauten Geräuschen gehabt habe, insbesondere vor Donner. Sobald es donnerte, erstarrte das Kind vor Entsetzen und war völlig unansprechbar. Für gewöhnlich versteckte sie sich im Keller in der hintersten Ecke, wo sie das Donnern nicht hören

konnte. So war es schon immer gewesen, obwohl die Mutter, wie sie sagte, »alles!« probiert hatte.

Die erste Runde mit einer Standardaussage gegen Angst vor Gewitter bewirkte, dass sich die Hände des Mädchens spürbar erwärmten, ein Gefühl, das sie nicht mochte. Es wurde folglich in Runde zwei mit der Standardaussage, »Die Wärme verlässt meine Hände, und ich fühle mich gut«, erfolgreich aufgelöst. Diese beiden Runden reichten aus, um das Kind vollständig von seiner Gewitterphobie zu befreien.

Nach der Sitzung gab es ein paar kleinere Gewitter in der Region, doch das Mädchen reagierte nicht wie gewohnt auf den Donner. Als die Mutter wissen wollte, warum sie sich anders verhalte als sonst, erklärte die Tochter, »Es sind ja nur kleine Gewitter.« Früher hätte sie sich beim ersten Grollen in den Keller geflüchtet. Als dann ein richtiges Gewitter kam, rief die Tochter der Mutter aus ihrem Zimmer zu, »Mom, ist das ein richtiges Gewitter?« Die Mutter bestätigte dies, doch das Mädchen fand es nicht so schlimm. Bald darauf kam es zu einem ungewöhnlich starken Gewitter, das sich unmittelbar über dem Haus der Familie entlud. Die Mutter erklärte: »Diesmal war es wirklich ernst. Sogar ich hatte Angst, und ich habe für gewöhnlich Spaß an einem ordentlichen Sturm. Aber meine Tochter zeigte sich völlig unberührt. Ich bin Ihnen ja so dankbar!«

Angst vor Menschenansammlungen (F41920)
Die Patientin suchte den Dynamind-Praktiker auf, weil sie in drei Wochen zu einer Party gehen müsse und weil ihr diese Aussicht Magenbeschwerden der Intensitätskategorie zehn bescherte.

Runde eins und zwei mit der Standardaussage »Wenn ich mir vorstelle, auf diese Party gehen zu müssen, dann spüre ich Nervosität in meinem Magen …« reduzierten das Problem auf Intensitätsgrad vier.

In der dritten Runde wurde zusätzlich eine Kraftaussage zur Steigerung der Zuversicht eingebaut, die jedoch keine Wirkung zeigte. Daraufhin wies der Therapeut die Patientin in eine Abwandlung der Piko-Piko Atmung ein, bei der sie sich selbst laut aufforderte, sich zu entspannen. Nach ein paar dieser intensiven Atemzüge war ihre

Angst vor der Party zurückgegangen, doch nun klagte sie über Kopfschmerzen.

Die vierte Runde widmete sich mit einer entsprechenden Standardaussage den neu hinzugekommenen Kopfschmerzen. Doch die erhoffte Wende zum Besseren blieb aus. Als der Therapeut die Patientin fragte, was sie ihrer Meinung davon abhalte, sich zu entspannen, sagte sie, dass sie ständig an die bevorstehende Party denken müsse. Daraufhin forderte der Therapeut sie auf, sich eine volle Minute ganz und gar auf ihre Füße zu konzentrieren. Im Anschluss machte sie noch eine Weile Piko-Piko Atmung.

Nach der fünften Runde mit einer weiteren Standardaussage gegen die Kopfschmerzen waren alle Symptome verschwunden.

Angst vor Männern (F35322)
Die Patientin war eine Frau in den Zwanzigern, die unter einer allgemeinen Angst vor Männern litt, die sie mit Intensitätsgrad zehn bewertete.

»Ich quäle mich mit dem Gefühl, dass ich Männern nicht vertrauen kann …« war die Standardaussage der ersten Runde und machte ihr bewusst, dass es die Art war, wie Männer Frauen begafften, die sie nicht mochte.

Die Standardaussage »Ich verurteile Männer, die Frauen begaffen …« in Runde zwei reduzierte die Intensität ihres Problems auf sieben. Mit dieser Runde wurde ihr jedoch auch bewusst, dass sie selbst fürchtete, nicht hübsch genug zu sein, um die Blicke der Männer auf sich zu ziehen.

Die Standardaussage in Runde drei thematisierte dieses Problem und kombinierte es mit einem Symbolschlüssel, in dem sie sich als schöne, attraktive Frau beschrieb. Damit sank der Intensitätsgrad auf sechs. Sie gab zu, sich von ihrem Partner zu wünschen, dass er sie so ansehe, wie er manchmal anderen Frauen hinterherschaue.

Die Standardaussage »Ich spüre, dass es mir an Selbstvertrauen fehlt, doch das kann sich ändern. Ich will ebenso zuversichtlich und schön sein wie ein Jaguar …« in Runde vier reduzierte den Intensitätsgrad auf drei.

Die Sitzung endete mit einem Dynamind-Toner und einem Dynamind-Entwickler. Danach war die äußere Erscheinung der Patientin dramatisch verändert. Sie strahlte und lächelte. Sie sagte, dass ihr diese Technik gut gefalle, da sie rasch wirke und keine jahrelange Therapie erfordere, womit sie schon genug Erfahrung habe. Sie brachte zum Ausdruck, dass sie Dynamind auch in Zukunft für sich nutzen würde.

Angst vor Träumen (F35123)
Die Patientin, um die dreißig Jahre alt, fürchtete sich vor ihren Träumen, in denen sie den Holocaust verarbeitete. Der Intensität ihres Problems gab sie den Wert acht.

Die Standardaussage in Runde eins, »Ich spüre, dass ich nicht atmen kann …«, richtete sich an den physischen Ausdruck ihrer Angst und reduzierte ihn leicht. Mit Runde zwei und der Standardaussage, »Ich spüre Unbehagen in meinen Lungen …«, sank der Intensitätsgrad der Atembeschwerden auf null. Doch die Angstgefühle waren noch immer sehr stark und handelten von Überleben, potentieller Lebensbedrohung, der Erwartung, gefoltert und getötet zu werden.

Runde drei kombinierte eine Standardaussage gegen Angst mit einem Symbolschlüssel, in dem sich ein Bild von Ertrinken und Dunkelheit verwandelte in ein Eingehülltsein in die Liebe Gottes.

Die Standardaussage der vierten Runde, »Ich spüre, dass ich gefoltert und getötet werde …«, verband sich mit einem Symbolschlüssel, in dem ein Verließ zu einer Taube wurde und verminderte den Intensitätsgrad auf zwei.

Panik

Benannt nach einem griechischen Waldgott, dessen Anhänger sich zu rituell chaotischem Verhalten versammelten, empfinden wir Panik heute als eine extreme Angst, die sich an einem Ende des Spektrums ausdrückt durch wilde emotionale Ausbrüche und am anderen durch erstarrte Hilflosigkeit.

Panikattacken (F12424)
Eine neununddreißigjährige Patientin litt seit nunmehr dreizehn Jahren unter Lebensängsten, Schmerzen und Spannung in der Brust sowie unter Panikattacken. Die Spannung und den Schmerz in der Brust bewertete sie mit sechs Punkten auf der Intensitätsskala.

Die Therapeutin begann, wie sie es nennt, mit einer vollständigen Reinigung und sorgte damit in mehreren Dynamind-Runden zunächst für die Auflösung von Stress, Angst, Zweifel, Wut und Spannung. Danach erst arbeitete sie mit der Patientin an ihren spezifischen Symptomen.

Die Standardaussage »In meiner Brust spüre ich Schmerz und Spannung ...« in Runde eins verringerte die Problemintensität auf vier Punkte. Runde zwei mit der Standardaussage »In meiner Brust spüre ich Angst ...« sorgte bereits dafür, dass sie sich vollständig auflöste.

Während des Atemschrittes wurde die Patientin das Opfer einer schweren Panikattacke, und die Therapeutin ließ die Patientin sofort und für die nächsten fünf Minuten zu Blankovergebungen für ihre Familie wechseln. Danach fühlte sich die Frau erheblich besser, und die Therapeutin schlug ihr als nächstes die Kraftaussagen »Es steht in der Macht meines Körpers, ohne Angst zu leben ...« und »Es steht in meiner Macht, ohne Angst zu leben ...« vor.

Nach diesen Runden flog die Patientin der Therapeutin um den Hals und umarmte sie lang und innig. Die Tränen liefen ihr die Wangen hinunter als sie sagte, »Ich fühle mich so viel besser. Vielen Dank. All die schrecklichen Gedanken sind nun aus meinem Kopf vertrieben.«

Entsetzen (F69626)

Eine zweiundfünfzigjährige Frau nahm an einem Kurs zur Ausbildung ihrer übersinnlichen Fähigkeiten teil, als sie plötzlich von Erinnerungen überwältigt wurde, wie ihre Großmutter sie terrorisiert hatte, als sie die überwiegende Zeit ihrer Jugendjahre bei ihr leben musste. Die Erinnerungen waren so stark, dass sie sie nicht vertreiben konnte. Als die Frau ihre Sitzung mit dem Dynamind-Praktiker begann, gab sie ihrem Problem den Intensitätsgrad neun.

In den drei Runden Dynamind, in denen die Standardaussage »Ich spüre große Angst und Entsetzen, wenn ich an die Zeit mit meiner Großmutter denke, …« verwendet wurde, gelang es, den Intensitätsgrad erst auf sieben, dann auf vier und schließlich auf eins bis zwei zu senken. Die Patientin fühlte sich erheblich besser, und der Therapeut erinnerte sie daran, die Technik immer dann zu nutzen, wenn die Ängste sich neuerlich meldeten.

Zwei Wochen nach der Sitzung gab die Patientin noch einmal eine Rückmeldung. Sie fühle sich allgemein gut, und selbst wenn sie an die Zeit mit ihrer Großmutter denke, spüre sie nicht mehr solche Angst und solches Entsetzen. Sie könne nun ohne irgendwelche negativen Gefühle an ihre Großmutter denken.

Alpträume (F25827)

Obgleich das Setting formlos war, wurde die Situation wie eine ganz normale Sitzung gehandhabt. Die Therapeutin befand sich zu Hause, als ihre Tochter mit einem Panikanfall aus einem Alpträumen aufwachte. Zunächst leitete die Therapeutin ihre Tochter in einer Technik an, die das Umschreiben von Träumen und insbesondere Alpträumen ermöglicht (diese Technik habe ich ausführlich in meinem Buch *Der Stadt-Schamane* beschrieben). Danach führte sie sie durch den Dynamind-Prozess. Die Intensität des Panikgefühls war von der Tochter mit der Note acht bewertet worden.

Die ersten zwei Runden richteten sich mit der Standardaussage »Ich spüre überall in meinem Körper Spannung, doch das kann sich ändern …« an das dominierende Körpersymptom und konnten es auf Intensitätsgrad zwei senken. Die Runden drei und vier thematisierten mit der Standardaussage »Ich spüre Panik in meinem Körper ...« das Panikgefühl, das sich erst verringern ließ und sich dann in der Brust des Mädchens festsetzte. In Runde fünf löste die Standardaussage »Ich spüre Panik in meiner Brust ...« das Gefühl vollständig auf, und das Mädchen fühlte sich entspannt und schläfrig. In der letzten Runde brachte die Therapeutin eine Kraftaussage im Hinblick auf Selbstvertrauen und Entspannung ein, und das Mädchen fühlte sich hundert Prozent besser.

Andere Ängste

Unter diese Rubrik fallen Fälle, die selten sind oder sich in die vorherigen Kategorien schlecht einordnen lassen.

Hoffnungslosigkeit (F25829)

Eine Frau kam in die Sitzung, weil sie sich durch ihre gegenwärtigen Lebensumstände von einem Gefühl der Hoffnungslosigkeit erfasst sah. Der Dynamind-Praktiker wollte wissen, ob sie diese Hoffnungslosigkeit in einem bestimmten Körperbereich lokalisieren können. Erst sagte sie, in ihren Schultern, dann meinte sie, sie in den Lungen spüren zu können, und schließlich erkannte sie, dass das Gefühl in ihrem Hals festsaß – tatsächlich fiel ihr das Sprechen schwer und ihre Stimme hörte sich wie abgeschnürt an.

In der ersten Runde sorgte die Standardaussage »Wenn ich an meine Lebensumstände denke, dann spüre ich Enge in meinem Hals« dafür, dass sie sich besser fühlte, aber das Symptom doch noch nicht ganz los war.

Mit der Standardaussage »Ich spüre Angst in meinem Hals, wenn ich an meine Lebensumstände denke ...« in Runde zwei konnte das Symptom vollständig behoben werden. Sie hustete sich frei und konnte nun leichter sprechen. Die Therapeutin forderte sie auf, ihre Lebensumstände noch einmal genau anzusehen, und die Patientin bemerkte, dass sie Mutlosigkeit in ihrer Brust spürte.

Runde drei richtete sich mit einer entsprechenden Standardaussage an die Mutlosigkeit in ihrer Brust, die sich daraufhin auflöste. Neuerlich aufgefordert, ihre Situation zu reflektieren, stellte die Patientin fest, dass sie sich wie betäubt fühlen *wolle* und dass dieses Taubheitsgefühl in ihrem Steißbein festsaß (sie klagte auch über Rückenbeschwerden).

Die Standardaussage »Wenn ich an meine Lebensumstände denke, dann möchte ich Taubheit in meinem unteren Rücken spüren...« kam in der vierten Runde zum Einsatz. Die Schmerzen in ihrem Rücken nahmen erheblich ab. Wieder nach ihrer Lebenssituation gefragt, erklärte sie nun, dass sie im gesamten Körper Müdigkeit spüre.

Runde fünf richtete sich mit einer entsprechenden Standardaussage an dieses Gefühl. Obwohl die Patientin auch danach noch recht gedämpft wirkte, erklärte sie, es komme ihr so vor, als sei die emotionale Aufladung verschwunden. Dem Dynamind-Prozess schloss sich noch eine Zeitlang Symbolarbeit an, und als sich die Frau schließlich auf den Heimweg machte, wirkte sie sehr viel hoffnungsvoller und konnte wieder frei sprechen.

Mehrfachängste (F35131)

Der Patient war ein Mann in den Dreißigern, der unter zahlreichen Ängsten litt, über vieles sehr festgefahrene Meinungen hatte und ein großes Bedürfnis verspürte, seine Unabhängigkeit hervorzuheben. Die zuletzt genannte Eigenschaft wurde in der Sitzung durch seine Einstellung zur Dynamind-Technik offensichtlich. Obgleich das Hauptproblem eine Angst war, die mit einem nicht offenbarten Kindheitstrauma zusammenhing, kamen in der Sitzung außerdem seine Angst vor Intimität, ein Gefühl des Abgeschnittenseins und seine Intoleranz gegenüber anderen Menschen zur Sprache. Bestandteile der zum Einsatz gebrachten Symbolschlüssel waren Energieblockaden, ein Gefühl der Einengung, Haifischangriffe, miteinander kämpfende Kriegsgötter und Energiemuster, die er in Farbe, Form, Gestalt und Bewegung solange veränderte, bis sie ihm richtig erschienen.

In seinen Unterlagen führte der Therapeut aus: »Der Patient

konnte sich einem vorgegebenen Ablauf nicht unterordnen und musste den Ritualablauf verändern. Er baute nicht in jede Runde den Berührungsschritt des Klopfens ein, kehrte jedoch mit zunehmender Intensität häufiger dazu zurück. Die meisten der Formulierungen änderte er nach Bedarf, verwendete jedoch die Aussagebestandteile ›Ich habe das Gefühl‹ und ›doch das kann sich ändern‹. Oft brachte er zum Ausdruck, was sich ändern würde und in welche Richtung. Die sich verändernden Energiemuster brachte er durch ruckartige Bewegungen seines Körpers zum Ausdruck. Gelegentlich bediente er sich Klängen zur Verstärkung.

Die Sitzung war dramatisch und er unterbrach sie gelegentlich, um mit mir darüber zu diskutieren, was er an anderen Menschen nicht tolerieren könne. In seinem Umgang mit den sich verwandelnden Energiemustern nutzte er Wortspiele, analytische Gedankenmuster, übersteigerte Bewegungen und Klänge. Er weigerte sich, sein Problem bei Begin und am Ende der Sitzung anhand der Intensitätsskala zu bewerten, erklärte aber zum Schluss, dass er sich besser fühle. Am nächsten Tag meldete er sich, um mir mitzuteilen, dass er die Wirkung der Sitzung noch immer spüre.

Wieder ein paar Tage später rief er noch einmal an und erklärte, dass er weiterhin mit der Dynamind-Technik arbeite und auch ihre Wirkung weiterhin spüre. Das Ritual der Formulierungen und das Klopfen nutze er jedoch nicht. Ihm gefalle die Arbeit mit Selbstgesprächen und Energiemustern.«

Ängstliche Erwartungen (F35132)

Eine Frau in den Fünfzigern quälte sich mit starken Ängsten, wenn sie zum abgesprochenen Zeitpunkt nichts von ihrer Tochter hörte und bewertete ihre innere Unruhe mit einer Acht.

Die Standardaussage gegen die Angst in Runde eins reduzierte das Problem auf sechs. Sie kam auch in der zweiten Runde zur Anwendung, wurde jedoch mit einem Symbolschlüssel kombiniert. Dieser Symbolschlüssel inszenierte zunächst all die schlimmen Dinge, die ihrer Tochter zustoßen könnten, und verwandelte sie dann in lauter gute. Er half, die Intensität des Problems auf vier zu senken.

In Runde drei blieb die Standardaussage unverändert. Diesmal präsentierte der Symbolschlüssel einen bedrohlichen Drachen, der Feuer spie. Die Szene wurde verwandelt zu einer Begegnung mit dem Drachen, Rückzug und neuerlichem Vortreten, um ihn zu überspringen. Der Drache war noch hinter ihr und folgte ihr, also folgte sie dem Weg zu einem Schwimmbecken mit regenbogenfarbenen Wasser und einem Baum, in dessen Stamm ein Schalter eingebaut war. Sie betätigte den Schalter und die Regenbogenfarben berührten den Drachen und verwandelte ihn in einen freundlichen Drachen. Nach dieser Runde erreichte ihr Problem nur mehr den Intensitätsgrad zwei, und sie beendete die Sitzung.

7
Die Dynamind-Technik in der Fern- und Mentalheilung

In meinen Workshops lehre ich verschiedene Methoden der Dynamind-Fernheilung. Die einfachste und am weitesten verbreitetste ist die Begeleitung über das Telefon. Sie unterscheidet sich kaum von einer normalen Begleitung durch den Dynamind-Prozess und könnte höchstens als eine Art Erweiterung begriffen werden, mit der ebenso gute Resultate erzielt werden können.

Obwohl in allen Fallbeispielen in diesem Buch laut ausgesprochene Formulieren und körperliche Berührungen vorkamen, erwähnte ich im zweiten Kapitel, dass die vier Schritte der Dynamind-Technik auch im Geiste durchgeführt werden können. Und ich habe auch beschrieben, wie man Dynamind für jemand anderen machen kann, der dazu selbst dazu nicht in der Lage ist. Zwei weitere Methoden der Fernheilung könnte man als Erweiterungen des ursprünglichen Ansatzes begreifen.

Die erste besteht darin, dass man an die Person denkt, der man helfen will, egal ob sie weit fort oder in der Nähe ist, und den Dynamind-Prozess für diese Person durchführt. Eine Standardaussage für diese Methode könnte lauten: »X hat ein Problem mit …, doch das kann sich ändern; ich will, dass das Problem verschwindet.« oder »X will, dass das Problem verschwindet.« Und dann führt man den Berührungsschritt bei sich selbst aus und beschließt die Runde mit dem Atmen. Alternativ ist es möglich, den gesamten Prozess nur im Geiste zu durchlaufen.

Die zweite Methode eignet sich nur für Personen mit einem recht stark ausgeprägten Selbstvertrauen. Sie verlangt, dass man sich vorstellt, die andere Person mit ihrem Problem zu sein. Dann machen Sie den Dynamind-Prozess – im Geiste oder real – als die andere Person und bedienen sich Ihres Körpers als Feedbackinstrument, um herauszufinden, ob sich etwas verändert hat oder nicht. Am Ende einer solchen Sitzung schlüpfen Sie wieder zurück in Ihre eigene Person.

Wenn Sie nun auf eine wissenschaftliche Erklärung dafür warten, wie so etwas funktionieren kann, dann muss ich Sie leider enttäuschen. Es ist nicht wichtig für mich, ob das Funktionieren dieser Methode nachvollziehbar ist oder nicht. Die Resultate sprechen für sich selbst. Falls Sie die Ergebnisse als Zufälle interpretieren wollen, ich habe nichts dagegen. Sollten Sie sie als das Ergebnis von Telepathie empfinden, auch damit bin ich einverstanden. Ich persönlich glaube nicht an Zufälle, und aufgrund meiner Ausbildung zum Schamanen *glaube* ich auch nicht an Telepathie, ich gehe einfach davon aus, dass es sie gibt. Die Fallbeispiele sind so präsentiert, wie sie mir berichtet wurden – ohne irgendeinen Versuch, sie zu rechtfertigen oder zu erklären.

Einige unserer Dynamind-Praktiker spezialisieren sich auf Fernheilung, andere setzten sie nur gelegentlich ein. Sie alle würden darin übereinstimmen, dass ein gutes Ergebnis weitgehend davon abhängt, wie gut der Therapeut fähig ist zu fokussieren.

Zunächst werden solche Fälle aufgeführt, in denen die Dynamind-Technik als geistige Ergänzung zu einer anderen, meist sehr physischen Therapieform verwendet wurde. Im weiteren geht es um Fälle, in denen die geistige Form der Dynamind-Technik um physische Therapieformen erweitert wurde. Dann bringe ich Beispiele für solche Fälle, in denen ein direkter Kontakt zwischen dem Therapeuten und dem Patienten ausblieb. Zuletzt geht es um die Dynamind-Fernheilung bei Tieren und ganz zum Schluss wird es ausgesprochen spekulativ, weil die Dynamind-Fernheilung bei ungewöhnlichen Umständen und für ungewöhnliche Zwecke herangezogen wird.

Dynamind Fernheilung zur Unterstützung anderer Therapieformen

Ein Therapeut berichtet: »Sie müssen verstehen, dass ich bei allen beschriebenen Behandlungen die Dynamind-Technik mental in Verbindung mit meinen üblichen physischen Therapien anwende. Das bedeutet, dass ich dem Patienten meine Hände auflege, eine mentale Verbindung zu ihm herstelle, den Segen und die Hilfe desjenigen, den manche Gott, Buddha, Christus, Zen, Tao oder sonst irgendwie nennen, empfange und dann mit meiner Kombination aus physischer Behandlung und mentalem Dynamind beginne. Ich wurde gefragt, ob Dynamind tatsächlich einen wesentlichen Beitrag zu meiner Behandlung leistet, und ich muss sagen, ja, daran gibt es überhaupt keinen Zweifel. Ohne die Dynamind-Technik wären die Resultate, die ich erziele, auf keinen Fall möglich.«

Mehrfachsymptome (T13305)

Eine Frau war ungefähr vier Meter tief in einen Luftschacht gefallen. Die Folge war ein Schleudertrauma, außergewöhnliche Rückenschmerzen, Kopfschmerzen, Schwindelgefühle und Bewegungsunfähigkeit ihres rechten Armes. Der Unfall hatte sich vor drei Jahren ereignet, ohne dass eine Besserung eingetreten war. Die Patientin bewertete die Intensität ihres Problems mit neun Punkten.

Die erste Behandlung wurde mit der mentalen Standardaussage »Ich kann meinen rechten Arm nicht heben ...« verbunden, die zweite mit »Ich spüre schreckliche Kopfschmerzen auf meiner rechten Seite ...«, die dritte mit »Mir wird noch immer sehr schwindelig ...« und die vierte mit »Mein gesamter Rücken ist blockiert ...«

Nach vier Behandlungen rief die Patientin den Therapeuten an, um ihm mitzuteilen, dass sämtliche Symptome verschwunden seien, sie sich großartig fühle und keine weitere Fernheilung benötige.

Schwangerschaft (T13306)

Eine Frau hatte ein Kind und wünschte sich ein zweites, war jedoch im Verlauf eines Jahres nicht schwanger geworden. Die Patientin machte keine Aussage über die Intensität ihres Problems, doch wirkte sie nervös, angespannt und übellaunig.

Zehn Behandlungen wurden von der mentalen Standardaussage »Mein Problem ist, dass ich nicht mehr schwanger werde ...« begleitet und führten schließlich zum Erfolg.

Dynamind Fernheilung mit der Unterstützung anderer Therapieformen

Die Therapeutin verfügt über beträchtliche berufliche Erfahrung als Heilpraktikerin und hat ihre eigene, einzigartige Art entwickelt, die Dynamind-Technik in der Fernheilung anzuwenden. Typischerweise nimmt sie körperliche Verbindung mit dem Patienten auf, meist in der Form einer Spannung auflösenden Technik namens »Kahi«, die ich meinem Buch *Der Stadt-Schamane* beschreibe. Hierzu legt sie eine Hand auf die Brust des Patienten und die andere auf seinen Rücken, dann schickt sie, während sie Tiefenatmung macht, ihre Aufmerksamkeit zwischen ihren Händen hin und her. Wenn es die Situation gestattet, dann greift sie gerne auf eine Methode zurück, die sie als »Vollständige Reinigung« bezeichnet und bei der es sich um eine Variante des bereits erwähnten Dynamind-Toner handelt. Nachdem sie den Patienten auf diese Weise vorbereitet hat, beginnt sie mit dem mentalen Dynamind-Prozess für das spezifische Problem.

Autistisches Kind (T12409)

»Bei einem fünfjährigen Jungen wurde von den Ärzten Autismus und Hyperaktivität diagnostiziert. Die einzige Hilfestellung, die man anbieten konnte, war ein spezielles Sportzentrum und Ergotherapie, also Behandlungen, die sich allein auf Muskeltraining konzentrieren. Seine Mutter erzählte mir, dass die Symptome des Jungen aufgetreten waren, als er zwei Jahre alt und nachdem sie mit ihm in den Armen eine Treppe heruntergefallen war. Sie hatte sich bei dem Sturz den

Fuß gebrochen, doch das Kind hatte keinen sichtbaren körperlichen Schaden genommen. Jedoch hatte er nach dem Sturz das Sprechen verweigert und nur gelegentlich noch ein paar einzelne, zusammenhangslose Wörter geäußert, wie es zwar für einen Zweijährigen, nicht aber für ein älteres Kind normal ist. Die Mutter erzählte mir, dass sie dem Kind nach dem Unfall in die Augen geblickt und die Angst darin gesehen hatte. Der Junge brachte viel Zeit vor dem Fernseher zu, beschränkte sich auf das Vokabular, das er in Kinderfilmen aufschnappte, und wollte nicht berührt werden.

Ich fragte den Jungen, ob ich ihn berühren und ihm auf die Brust klopfen dürfe. Er kam zu mir, und ich machte mentales Dynamind mit ihm, erst mit einer Aussage über die Angst in seinem Körper, dann mit einer zweiten, die die Wut in seinem Körper thematisierte. Ich hatte ihm meine Hände auf die Brust und auf den Rücken gelegt. Er machte einen sehr tiefen Atemzug und musste dann mehrfach laut und heftig aufstoßen. Dann ließ ich einige Aussagen folgen wie ›Wenn er an den Unfall denkt, spürt er Angst in seinem Körper …‹ und ›Er spürt Angst in seinem Nacken …‹ Danach ließ ich eine Kraftaussage folgen: ›Sein Körper ist fähig, die Wörter normal auszusprechen …‹ Im Anschluss an all dies betete ich für ihn, während meine Hände auf seiner Brust und auf seinem Rücken lagen, und vollzog den Atemschritt.

Kurz darauf musste der Junge etliche Male – zehnmal in einer Stunde! – auf die Toilette gehen, um Wasser zu lassen. Hinzu kam noch immer das häufige und heftige Aufstoßen. Schließlich kam er zu mir, kuschelte sich in meine Arme und sagte: ›Nette Dame, mach Klopfen mit mir!‹

Seine Mutter war darüber unendlich glücklich und erklärte mir, dass er sich nie zuvor so verhalten hatte. Sie konnte spüren, dass er sehr heiße Hände und Füße hatte, sein Gesicht war gerötet und warm, und er wirkte ruhiger.«

Neurodermitis (T12412)
»Während eines Essens in einem Restaurant sah ich an einem der Nachbartische einen kleinen Jungen, dessen Gesicht und Arme mit

roten Flecken übersät waren, an denen er unablässig kratzte. Nachdem er seine Pommes mit Ketchup aufgegessen hatte, wurde der Juckreiz noch schlimmer. Schließlich konnte ich den Anblick nicht länger ertragen, stand auf, ging hinüber und erklärte der Mutter, dass ich ihm vielleicht helfen konnte, dass meine Behandlung nicht wehtun und kostenlos sein würde. Sie gestattete mir, es zu versuchen. Ich hatte richtig gesehen, als ich Dermatitis vermutet hatte, und ich stufte die Intensität des Problems bei neun ein. Da die Behandlung in der Öffentlichkeit stattfand, absolvierte ich den Dynamind-Prozess mit dem Kind im Geiste.

Ich hielt ihn in meinen Armen, gab ihm reichlich Kahi, und er beruhigte sich langsam.

Für die erste Runde wählte ich die Aussage ›In einem Bereich des Körpers dieses Jungen hat sich ungeäußerte Wut festgesetzt ...‹ In der zweiten schloss ich eine Aussage an, die sich auf seine vermutete Emotion Angst richtete.

Dann verabreichte ich seinem Gesicht und seinen Armen reichlich Kahi und forderte seinen Körper auf, den Schmerz zu verwandeln. Nach einer Viertelstunde trat die Mutter an unseren Tisch und sagte: ›Vielen Dank für alles. Er hat aufgehört, sich zu kratzen, und sogar die roten Flecken sind vollständig verschwunden.‹«

Allergie (T12414)

»Ein zweiundvierzigjähriger Mann hatte allergische Reaktionen auf Blumen und Gräser. Während einer Party fing er an zu niesen, seine Augen tränten und seine Stimme wurde rau und tief.

Um ihm zu helfen, machte ich mentales Dynamind mit ihm. Erst thematisierte ich Wut und dann das Gefühl, dass etwas wie eine Feder seine Nase und seine Augen kitzle. Danach fühlte er sich sehr viel besser. Auch nach drei Monaten waren seine Allergiesymptome noch nicht zurückgekehrt.

Als ich ihm kürzlich begegnete, erklärte er mir, dass er nicht an das glaube, was ich tue, doch die Allergie sei noch immer nicht zurückgekehrt, und darüber sei er sehr glücklich. Ich finde es interessant, dass er trotz des Ergebnisses nicht an die Methode glauben will. Für mich bedeutet das einfach, dass Dynamind auch funktioniert, ohne dass man daran glaubt.«

Berührungslose Heilbeispiele

Die Heilung der Ehefrau (T69616)

Ein fünfzigjähriger Mann hatte bereits um seiner eigenen Heilung willen einen Dynamind-Praktiker aufgesucht, diesmal suchte er Hilfe für seine Frau. Er wollte wissen, ob es möglich sei, den Heilprozess seiner Frau zu unterstützen, die am Vortag eine große Operation überstanden hatte.

Der Therapeut erklärte dem Mann, dass dies durchaus möglich sei, aber besser funktioniere, wenn seine Frau diesen Willen gleichfalls habe. Daraufhin erklärte der Mann, dass seine Frau im Krankenhaus unglücklich sei und so bald wie möglich wieder nach Hause wolle. Die Ärzte aber gaben an, dass man nach einer solchen Operation normalerweise anderthalb bis zwei Wochen im Krankenhaus bleiben müsse.

Der Therapeut versicherte dem Mann, dass er seiner Frau helfen können, weil alle Menschen miteinander verbunden sind, und dass das Ergebnis umso besser sein würde, je mehr sein Wunsch, ihr zu helfen, von Liebe erfüllt sei. Der Mann war bereit und willig, und so führte der Therapeut ihn durch den Prozess der Dynamind-Fernheilung.

Die Aussage lautete: »Meine Liebste, ich lege meine Hände zusammen und denke an dich. Du machst dir Sorgen, ob du vielleicht lange im Krankenhaus bleiben musst, doch das kann sich ändern. Wir beide wünschen uns und hoffen, dass der Zweifel sich auflösen möge und dass wir recht bald wieder zusammen sind, ja, so ist es. Lass es geschehen, mach es wahr! Deine Operation war erfolgreich, und deine Selbstheilungsenergie ist zur Höchstleistung bereit.« Dann beklopfte der Mann seinen eigenen Körper und beendete die Runde mit dem Atemschritt.

Darauf wollte der Therapeut von dem Mann wissen, wie er sich fühle. »Ich fühle mich ausgezeichnet«, antwortete dieser, »und ich glaube, dass der Heilungsprozess gut vorankommt.« Gemeinsam machten sie diesen Dynamind-Prozess ein zweites Mal, und der Therapeut riet dem Mann, ihn so oft zu wiederholen, wie er nur wolle.

Etwa zwei Wochen später meldete sich der Mann bei dem Therapeuten und erzählte, der Heilungsprozess sei so rasch vorangekommen, dass seine Frau das Krankenhaus bereits nach einer Woche habe verlassen können.

Einschulungsangst (T55520)

Ein kleines Mädchen von vier Jahren sollte demnächst eingeschult werden, was ihr aber gar nicht gefiel. Mutter fragte die Dynamind-Praktikerin, ob sie etwas für das Kind tun könne. Die Therapeutin entschloss sich, es mit Dynamind-Fernheilung zu versuchen.

Sie stellte eine Verbindung her, indem sie den Namen des Mädchens dreimal aussprach und sich in das Kind hineinversetzte. Im Geiste blickte sie durch die Augen des kleinen Mädchens in das Klassenzimmer, um festzustellen, ob dort vielleicht irgendetwas nicht in Ordnung sei. Da sie keine aufschlussreichen Anhaltspunkte finden konnte, begann sie mit dem Dynamind Prozess.

Sie benutzte die Kraftaussage »Ich gehe gerne zur Schule, ja, so ist es …« und sah sich dabei fröhlich, springend und tanzend, wie kleine Mädchen das manchmal machen, zur Schule gehen. Sie wiederholte den Prozess dreimal, und sprach danach ihren eigenen Namen dreimal laut aus, um wieder zu sich zu finden.

Ein paar Tage später rief die Mutter des kleinen Mädchens an und berichtete, dass ihre Tochter nun gerne zur Schule gehe. Es sei einfach, sie morgens anzuziehen und für die Schule fertig zu machen, doch sobald sie an die Klassenzimmertür komme, weine das Kind ein wenig. Dieser Bericht rief der Therapeutin ins Bewusstsein, dass sie sich nicht vorgestellt hatte, wie das Mädchen fröhlich das Klassenzimmer betritt. Eine Woche später jedoch hatte sich das Problem von allein erledigt.

Vergesslichkeit (T71221)

»Meine Tochter, sie ist zwölf Jahre alt, vergisst für gewöhnlich, ihr Pausenbrot mit in die Schule zu nehmen. Das aber erzürnt meinen Mann, denn er ist es, der es extra für sie am Morgen vorbereitet. Heute morgen war sie im Begriff aus der Tür zu gehen, und das Pausenbrot lag noch auf dem Tisch. Ich sagte rasch im Geiste, ›Meine Tochter vergisst im Allgemeinen, ihr Pausenbrot mit in die Schule zu nehmen, doch das kann sich ändern. Ich will, dass sie sich jetzt daran erinnert, es mitzunehmen.‹ In diesem Augenblick drehte sie sich um (als hätte sie mich gehört, obwohl ich die Worte nur im Geiste gesprochen hatte), ging zum Tisch und packte das Pausenbrot ein! Und seither hat sie es jeden Tag eingepackt, ohne dass sie irgendjemand daranerinnern musste.«

Beeinflussung von Tieren

Schäferhund (T12422)

»Der Schäferhund meines Nachbarn, er ist sechs Jahre alt und heißt Goldie, bellte und heulte den ganzen Tag bis weit in die Nacht hinein. Er durfte nachts nicht ins Haus, weil er draußen seine eigene kleine Hütte hat. Sein Besitzer ist ein sehr kräftiger, lauter alter Mann. Manchmal biss Goldie andere Hunde, manchmal nicht. Gelegentlich war der Hund sehr freundlich, dann wieder das genaue Gegenteil.

Ich kam zu dem Schluss, dass der Hund möglicherweise ein Angstproblem hatte. Ich fragte den Besitzer, und er erklärte mir, dass Goldie tatsächlich irgendeine Angst habe, die ihn sehr unsicher mache.

Also versuchte ich es mit der mentalen Form der Dynamind-Technik: ›Der Hund Goldie hat Angst in seinem Körper ...‹ und ›Der Hund Goldie hat Zweifel in seinem Körper ...‹

Als ich während des Berührungsschrittes den Thymuspunkt abklopfte, wurde der Hund ruhiger und blickte mich an. Seit der Sitzung ist Goldie zwar noch nicht vollständig geheilt, doch können wir jetzt nachts besser schlafen, weil er sein Bellen eingestellt hat. Nur wenn die Kirchenglocken läuten, dann bellt er nach wie vor.«

Persianerkatze (T12423)

»Jerry, unser dreizehnjähriger Persianerkater, schien eine sehr starke Persönlichkeit zu haben, doch hatten wir das Gefühl, dass er einsam war, also kauften wir ihm eine junge weiße Persianerkatze, damit er etwas Gesellschaft hatte. Um die Wahrheit zu sagen, das Kätzchen war wohl doch eher für mich als für ihn. Ich gab ihr den Namen Spa, weil sie wie ein Heilbad für meine Seele ist. Jerry konnte sie nicht leiden, weil er uns nun mit ihr teilen musste, und das entsprach überhaupt nicht seinen Vorstellungen. Vier Tage lang verschmähte er die obere Etage und verweigerte das Essen und immer, wenn Spa sich ihm näherte, reagierte er äußerst aggressiv. Mit anderen Worten, ich musste etwas unternehmen und probierte es mit vier Runden mentales Dynamind.

In den vier Runden verwendete ich nacheinander die folgenden Aussagen: ›Im Körper meines Katers Jerry ist Wut …‹, ›Im Körper meines Katers Jerry ist Angst, weil er fürchtet, nicht mehr geliebt zu werden …‹, ›Der Körper meines Katers Jerry hat die Kraft, das kleine Kätzchen Spa zu akzeptieren und zu lieben …‹, und ›Mein Kater Jerry hat die Kraft, unsere Liebe mit dem Kätzchen Spa zu teilen …‹

Am Tag darauf ließ er sich in der oberen Etage blicken und sogar ein wenig füttern. Wieder einen Tag später begegnete er der kleinen Spa freundlicher. Inzwischen schlafen und fressen sie zusammen, und es ist einfach wunderschön.«

Hofhunde (T69628)

»Wenn ich zu meinen langen drei- bis vierstündigen Spaziergängen aufbreche, dann komme ich oft an abgelegenen Höfen vorbei. Eines Tages ging ich in ungefähr hundert Meter Entfernung an einem solchen Hof vorbei, als mich drei Hunde überraschten und laut bellend auf mich zu liefen. Der Rudelführer war ein kleiner schwarz-weißer Mischlingshund. Die beiden anderen Hunde hatten etwa die Größe von Schäferhunden. Ich hatte solche Angst, dass ich sofort wie angewurzelt stehen blieb. Meine Arme hingen bewegungslos an meinen Seiten herunter, und mein Blick war in die Ferne gerichtet, um sie nur ja nicht zu provozieren. Die Hunde umkreisten mich in etwa anderthalb Meter Entfernung und bellten mich wild an. Ich musste nicht lange so stehen, denn schon bald rief die Bäuerin die Hunde zu sich und verschwand ohne ein Wort wieder im Haus. Ich konnte meinen Weg fortsetzen.

Ich schämte mich, weil ich mich auf diese Weise hatte überraschen lassen. Als ich wieder zu Hause war, gönnte ich mir eine Runde Dynamind mit der Aussage: ›Ich habe mich von drei Hunden überraschen und ängstigen lassen, doch das kann sich ändern. Ich werde mich von diesen drei Hunden nicht mehr überraschen und ängstigen lassen. Ich will, dass sie mich nächstes Mal freundlich begrüßen, ja, so ist es. Bitte lass es geschehen, mach es wahr!‹ Ich beklopfte die Dynamind-Punkte, beendete die Runde mit dem Atemschritt und wiederholte sie dann noch zweimal. Danach fühlte ich mich gut.

Als ich das nächste Mal auf meine Wanderung ging, nahm ich schon ein paar Minuten, bevor ich zu dem Hof gelangen würde, mental Kontakt zu den Hunden auf. Bei einem Hund nach dem anderen legte ich – im Geiste – meine linke Hand auf den Kopf und meine rechte auf die Hüfte und sagte, ›Du bist der beste Wachhund, den ich kenne. Du bewachst den Hof ausgezeichnet, dein Besitzer ist bestimmt sehr stolz auf dich. Ich freue mich, dich zu sehen. Doch du musst nicht bis auf die Straße kommen, um mir Angst einzujagen. Ich respektiere dein Territorium, und du solltest mein Recht respektieren, auf dieser Straße entlangzuwandern, wie es mir gefällt.‹ Dann ließ ich den Atemschritt folgen und wiederholte das ganze dreimal, während ich mir ausmalte, dass alles so ablaufen würde, wie ich es wollte.

Als ich mich dem Hof näherte, sah ich die Hunde und sie sahen mich, doch ich war noch zweihundert Meter entfernt. Sie liefen bellend auf mich zu, und wieder war der kleine Hund ihr Anführer. Im Geiste sagte ich zu diesem Hund, ›Du bist ein guter Rudelführer. Ich freue mich, dass du mich auf diese freundliche Weise begrüßen kommst, doch es reicht mir aus, wenn du alleine kommst.‹ Zu meiner größten Überraschung machte der Rudelführer eine Kopfbewegung zu den beiden anderen Hunden und knurrte. Beide liefen zurück zum Hof. Der Rudelführer begleitete mich schweigend in etwa zwei Meter Entfernung über eine Strecke von zweihundert Metern. Ich befand mich auf der Straße und er sich in seinem Territorium – wir waren im Frieden miteinander.

Inzwischen bin ich den Weg mehrmals gegangen, jedes Mal habe ich zuvor im Geiste Verbindung zu den Hunden aufgenommen und es läuft immer das gleiche ab. Der Rudelführer begleitet mich stumm parallel zur Straße, einmal sogar ein längeres Stück Weges als sonst.

Seit dieser Erfahrung mit den drei Hunden, machen mir Begegnungen mit Hunden auf meinem Weg immer Freude. Sobald ich sie sehe, nehme ich im Geiste Verbindung zu ihnen auf und sage ihnen, dass sie sich über die Begegnung mit einer Freundin freuen sollen. Fast all diese Hunde nähern sich mir schwanzwedelnd und auf freundliche Weise, als sei ich eine alte Freundin.«

Fälle, die Fragen aufwerfen

Diese Fälle sind ungewöhnlich, weil sie zeigen, dass wir mit unseren Gedanken unsere Erfahrungen mehr beeinflussen, als wir es uns in der Regel vorstellen. In diesen Beispielen versucht jemand mit Dynamind-Fernheilung die äußere Umgebung zu beeinflussen. Einige von den Fällen handeln davon, dass jemand versucht, das Verhalten anderer Menschen zu beeinflussen, und in anderen handelt es sich um eine Einwirkung auf unbeseelte Wesen oder Objekte. Diese Fälle beweisen natürlich gar nichts, es sei denn, wie interessant menschliches Verhalten sein kann.

Aufmerksamkeit (T71232)
»Wir waren zu Besuch bei Freunden. Die Freundin meiner Tochter erhielt einen Anruf, der kein Ende nehmen wollte. Meine Tochter fühlte sich überflüssig und zurückgewiesen. Ich sagte zu mir selbst,

›Die Freundin meiner Tochter beschäftigt sich nicht mit ihr, doch das kann sich ändern. Ich möchte, dass ihre Freundin ihr ihre Aufmerksamkeit schenkt‹, und sobald ich mit dem Atemschritt zu Ende war, stand das Mädchen im Raum. Dann wiederholte sich der ganze Ablauf, und wieder steuerte ich im Stillen mit Dynamind dagegen, und tatsächlich rief die Freundin meine Tochter in ihr Zimmer.«

Das Faxgerät (T69233)
»Ein Lehrer erwartete ein Fax, doch das Gerät weigerte sich, es auszudrucken. Am anderen Ende der Leitung wurde der Sendevorgang eines ums andere Mal wiederholt, doch dem Gerät gelang es nicht, richtig zu reagieren. Da der Lehrer dieses wichtige Dokument dringend erwartete, wurde er zunehmend nervöser. Dann fiel ihm die Dynamind-Technik ein, deren Funktionsweise ich ihm vor einiger Zeit erklärt hatte.

Seine Standardaussage lautete ›Ich habe ein Problem mit meinen Faxgerät, doch das kann sich ändern. Ich will, dass dieses Problem verschwindet!‹ Während er den Prozess durchlief, klingelte das Fax erneut, und dieses Mal konnte das Gerät die Sendung ordnungsgemäß annehmen.«

Der Reißverschluss (TSKK35)
Als ich einmal Freunde durch einen Park auf Kauai führte, musste ich eine Toilette aufsuchen. Als ich versuchte, den Reißverschluss an meiner Hose wieder hochzuziehen, ließ er sich nicht bewegen, ganz egal wie sehr ich zog und zerrte und ihn verdrehte. Kurz bevor ich aufgab und mich mit der peinlichen Situation abfand, der ich mich nun würde stellen müssen, fiel mir ein ähnlicher Vorfall ein, von dem mir einer der Dynamind-Praktiker berichtet hatte. Da ich nichts zu verlieren hatte, ließ ich mir eine Standardaussage für den Reißverschluss einfallen. Kaum war ich mit dem Dynamind-Prozess zum Ende gekommen, ließ sich der Reißverschluss problemlos hochziehen.

Einerseits ist mir natürlich klar, dass man diesen Vorfall leicht als trivial und albern abtun kann. Andererseits könnte er durchaus bedeutsam sein, wenn ausreichend Menschen zu der Erkenntnis kommen, dass sie positiven Einfluss auf Dinge nehmen und damit eine Vielzahl kleiner Alltagsprobleme im Nu lösen können.

Anhang

Dynamind-Praktiker und Dynamind-Lehrer

Wenn Sie mit einem Dynamind-Praktiker in Kontakt aufnehmen möchten, dann öffnen Sie die Web-Site www.huna.org./html/dmtprac.html

Sollten Sie an der Ausbildung zum Dynamind-Praktiker oder -Lehrer interessiert sein, dann erfahren Sie im nachfolgenden Text mehr über die Verfahrensweise. Serge Kahili King wird diejenigen als Praktiker und Lehrer der Dynamind-Technik zertifizieren, die nachfolgend genannte Bedingungen erfüllen:

Dynamind-Praktiker
1. Für das Studium selbst gibt es zwei alternative Möglichkeiten:
    a. Die Teilnahme an einem der Dynamind-Workshops von Serge Kahili King oder eines zertifizierten Dynamind-Lehrers, die Lektüre des Buches *Instant Healing Jetzt!* und das Studium der entsprechenden Dynamind Seiten im Web.
    b. Die Teilnahme am »Instant Healing Home Study Course«, der online über den Huna Store (www.huna.net) zugänglich ist.
2. Die Einsendung von fünfundzwanzig Fallberichten (von fünfundzwanzig verschiedenen Patienten) dokumentiert auf der Basis des vorgegebenen Formats.
3. Die Bezahlung der einmaligen Anmeldegebühr von einhundert Dollar zugleich mit der Antragstellung für die Teilnahme am Dy-

namind-Praktiker Programm. Zahlungen können online erfolgen über www.huna.net/dmpay.html oder per Post an: Hunaworks, P.O. Box 223009, Princeville HI 96722, USA.
4. Anträge für die Teilnahme am Dynamind-Praktiker Programm sollten bestehen aus einer kurzen Zusammenfassung relevanter Erfahrungen, der aktuellen Postanschrift, E-Mail- und falls vorhanden Website-Adresse und einem Beweis dafür, dass alle übrigen hier aufgeführten Voraussetzungen erfüllt sind.

Im Gegenzug wird Serge Kahili King:
1. Die vorgelegten Fallberichte kommentieren.
2. Nach Erfüllung sämtlicher Voraussetzungen für den Erwerb der Zertifizierung als Dynamind-Praktiker, den Namen und die Anschrift des neuen Praktikers in die Liste der zertifizierten Dynamind-Praktiker in die Web-Site www.huna.org aufnehmen.
3. Nach eigenem Ermessen potentielle Patienten an den neuen Dynamind-Praktiker verweisen.
4. Ein Forum bereitstellen, in dem Dynamind-Praktiker sich über ihre Erfahrungen mit der Dynamind-Technik austauschen können.

Format für die Erstellung von Fallberichten:
1. Patient: Geschlechtszugehörigkeit und ungefähres Alter (Kind, Erwachsener etc.)
2. Problem: (Mit welchem Problem hat der Patient den Therapeuten ursprünglich aufgesucht? Seit wann leidet er darunter? Welchen Intensitätsgrad hat das Problem, falls eine Intensitätsskala verwendet wird?)
3. Prozess: (Beschreiben Sie den Ablauf des Prozesses und was nach jeder Runde geschah.)
   a. Die Formulierungen der Aussage jeder Runde.
   b. Die eingebrachten Symbole und ihre Wirkung.
4. Ergebnis: (Beschreiben Sie das Endergebnis der Sitzung oder des Sitzungszyklus.)

Dynamind-Lehrer
1. Erfüllen Sie die Anforderungen an den Dynamind-Praktiker, die unter 1. und 2. aufgeführt sind.
2. Senden Sie hundert Fallberichte (von hundert verschiedenen Patienten) ein. Die für die Zertifizierung zum Dynamind-Praktiker eingesandten Fälle können darin enthalten sein.
3. Nehmen Sie teil am Huna-Lehrer Ausbildungskurs auf Kauai oder am Huna-Lehrer-Fernkurs, der online über den Huna Store (www.huna.net) erhältlich ist.
4. Bezahlen Sie die einmalige Anmeldegebühr von eintausend Dollar zugleich mit der Antragstellung für die Teilnahme am Dynamind-Lehrer Programm. Zahlungen können online erfolgen über www.huna.net/dmpay.html oder per Post an: Hunaworks, P.O. Box 223009, Princeville HI 96722, USA.
5. Leisten Sie den Richtlinien für Dynamind-Lehrer Folge, die Ihnen von Serge Kahili King zur Verfügung gestellt werden.
6. Stellen Sie Ihre aktuelle Postanschrift, E-Mail- und falls vorhanden Website-Adresse zur Verfügung.

Im Gegenzug wird Serge Kahili King:
1. Die vorgelegten Fallberichte kommentieren.
2. Nach Erfüllung sämtlicher Voraussetzungen für den Erwerb der Zertifizierung als Dynamind-Lehrer, den Namen und die Anschrift des neuen Lehrers in die Liste der zertifizierten Dynamind Lehrer in die Web-Site www.huna.org aufnehmen und einen Link zu dessen Web-Site, falls vorhanden, herstellen.
3. Nach eigenem Ermessen potentielle Schüler an den neuen Dynamind-Lehrer verweisen.
4. Mit wachsender Informationsbasis für Aktualisierung im Hinblick auf die Praxis und das Lehren der Dynamind-Technik sorgen.

Format für die Erstellung von Fallberichten:
1. Patient: Geschlechtszugehörigkeit und ungefähres Alter (Kind, Erwachsener etc.)
2. Problem: (Mit welchem Problem hat der Patient den Therapeuten

ursprünglich aufgesucht? Seit wann leidet er darunter? Welchen Intensitätsgrad hat das Problem, falls eine Intensitätsskala verwendet wird?)
3. Prozess: (Beschreiben Sie den Ablauf des Prozesses und was nach jeder Runde geschah.)
   a. Die Formulierungen der Aussage jeder Runde.
   b. Die eingebrachten Symbole und ihre Wirkung.
4. Ergebnis: (Beschreiben Sie das Endergebnis der Sitzung oder des Sitzungszyklus.)

Mit allen weiteren Fragen wenden Sie sich bitte direkt an Serge Kahili King: serge@huna.org.

Serge Kahili King

Serge Kahili King
Die Dynamind-Technik
180 Seiten, Paperback
ISBN 3-363-03052-5

Serge Kahili King
Huna
180 Seiten, Hardcover mit Schutzumschlag
ISBN 3-363-03045-2

Serge Kahili King
Aloha Spirit
63 farbige Karten
ISBN 3-363-03018-5

Serge Kahili King
Der Stadt-Schamane
264 Seiten, Paperback
ISBN 3-363-03014-2

www.luechow-verlag.de

Nevill Drury
Hüter der Erde
160 Seiten, Paperback
ISBN 3-363-03016-9

Christine Stecher
Die Weisheit der Schamanen
256 Seiten, Paperback
ISBN 3-363-03027-4

James Endredy
Earthwalks für Körper und Seele
208 Seiten, Hardcover mit Schutzumschlag
ISBN 3-363-03039-8

Dhyani Ywahoo
Dem Ruf der Erde folgen
250 Seiten, Hardcover mit Schutzumschlag
ISBN 3-363-03038-X

www.luechow-verlag.de